# 跟着大师 教孩子

8 个理论　10 位大师观点
启发孩子的学习智慧

［美］孙立葳　著

华东师范大学出版社

# "人的发展"是每个人的必修课程

在我的儿童发展的课堂上，经常会有几位年轻的妈妈来听课，她们并不需要这堂课的学分，却在每周几个小时的课中，专注地听课抄笔记。充满兴奋的眼神，与大多数来上必修课的学生非常不同。下课以后，这些妈妈们还会花许多时间和我讨论各种教养问题，在我们的对谈中她们经常提到："儿童发展真是所有父母的必修课程。"

在培训幼教老师的课程中也会遇到一些年纪稍长的学生，常常在他们若有所思的表情中看到遗憾的眼神，他们会分享之前因为不了解儿童发展，以至于成为孩子成长上的种种阻力，他们经常提到："知道得太晚了！早一点学习儿童发展的理论就好了。"

生养了两个孩子之后，我自己也越来越认同他们的看法，"人的发展"应该是每个人的必修课程。有多少人能真正地了解自己，能回答"是什么造就了今天的我"？父母若不够了解自己本身，又如何能帮助他们的孩子呢？

从学习儿童发展的理论中，我们不仅能更了解自己的孩子，也同样在反省了解自己的成长历程，为自身的成长找到一些答案。这个双向思考与学习的过程，让我们能从孩子的角度看成长，也必然会对亲子之间的互动产生正面的影响，使我们成为孩子成长道路上的助力。这样的信念使我开始思考如何将教养的基础，也就是儿童发展理论，用深入浅出的方法尽可能地带到每一个家庭。

于是，我在任教的大学以儿童发展理论为基础，设立了一门远距离教学的家庭教育课程，方便忙碌的父母在家收看学习。家长们在网络上热烈讨论着自己的心得与收获，这激发我更想要将这些重要的理论和教养原则，与更多的父母们一起分享，因而得以完成此书。

感谢我的丈夫——致远，对我的包容与支持。

感谢我的儿子——捷与祥，让我学习成为更好的母亲。

感谢我的许多学生与朋友，尤其是美瑛，给我建设性的评论与鼓励。

最后，感谢华东师范大学出版社，因为他们对这个计划的支持，使本书的简体版得以出版。

谨将此书献给我挚爱的父母

孙传钊先生与查祖辉女士

# 目 录

## 第四章 "玩"与"学"之间，大有学问 / 51

理论这么说：

跟着大师这么做：

## 第五章 你从什么样的角度看孩子的智能？/ 67

理论这么说：

跟着大师这么做：

## 第六章　你清楚自己的教养风格吗？ /85

## 第七章　孩子生活中的蝴蝶效应 /103

跟着大师这么做：

## 第八章　如何管教孩子的问题行为？/ 117

理论这么说：

跟着大师这么做：

# 理论有大用

一位世界级钢琴家在接受访问的时候说："我要感谢我的母亲，她在我小时候，拿着棍子站在钢琴旁边鞭策我苦练。当时，我很羡慕别的孩子可以到外面玩，现在，我明白当时的付出是值得的。"

而我的一位朋友，从小也展现出弹琴的才华，父母对她的栽培更是不遗余力。然而，就在她从世界知名的音乐学院拿到硕士学位之后，却转读了特殊教育，并告诉我："我不喜欢父母在钢琴上给我的压力，我再也不想碰钢琴了！"

我相信这位钢琴家与我朋友的父母们，都是为了儿女成龙成凤百般用心、竭尽所能，但是同样的努力，结果却大不相同，亲子关系也很不一样。

从这两个例子，你看到了什么？我以为，每个孩子都是独特的，没有一种教养技巧会适用于所有的孩子，正如老祖宗所言"因材施教"，这个观点也在世界各地受到普遍的认同。

但是还有一点，不知道大家是否想过，其实"成功"对每一个人的定义都不一样，并不是每个人都想成为世界级的钢琴家，即便他可以做到。好比我的朋友，也许成为一个能够帮助孩子的教师，看到自己带给孩子的正面影响，才是她最满足、最快乐的成就。

所以成功的教养，不仅是要帮助孩子发展并激发他的潜能以达到极致，更要能顺着孩子的兴趣，帮助他做喜欢的事，成就他的梦想。正因为如此，这本书将从婴幼儿的思考模式、社会情绪发展和肢体发展等不同的角度，来帮助父母充分了解自己的孩子。除了可以了解婴幼儿在认知、情境、技巧上的共同特质，找出每个孩子的独特性，书中也会建议父母，如何根据婴幼儿的共同特质以及自己孩子的个别特质，提供适宜的引导。

虽说没有任何一种教养方式可以适用于所有的孩子，不过多年来，丰富的幼教研究已经明确指出了教养婴幼儿的一些基本原则，父母只要把握这些重要原则，用心带领孩子学习，就会逐步看到效果。

这些重要的原则是什么呢？答案就在历久不衰的儿童发展理论中。

人们常开玩笑说："老大照书养，老二照猪养。"话中隐含着"照书养不易"、也未必有效的"理论无用说"，认为照着专家学者书中所说的理论来教养孩子，不但麻烦，而且很多时候不知该如何灵活应用，在自己的孩子身上好像也没有什么成效。父母们用心用力，却得不到太大的效果，日子一久，自然气馁，教养的态度就真的随意起来了。

另外，许多人将"理论"视为学术研究的成果，是束之高阁、考试才用得到的东西，完全不认为在现实生活中，"理论"会有什么实质的帮助。我曾经也这样认为，然而从事幼儿教育三十年、也生养了两个孩子以后，我越来越发现，每天在课堂中讲述的、和学生讨论的、对我而言老掉牙的"理论"，居然早在不知不觉中，已经被我应用在与孩子的互动、对幼教老师及幼儿园的辅导、与家长的沟通，以及教导自己的孩子上。

这些历久不衰的儿童发展理论，真的是教导孩子的生活宝典。我怀着感恩与急切的心情在这里分享，希望能将对我个人和我身边接触过的父母老师们最有帮助的几个理论，以及如何在生活中应用的方法，整理成重要的教养原理。

本书分享的八个理论，都是在现实生活中经过专家们对儿童长时间缜密的观察与研究，而得到的结果，也就是由实际经验推论而出的教养原则。为了打破大家总以为理论"知易行难"的迷思，本书尽可能以深入浅出的方式，辅以许多实际的例子来说明如何应用这些理论。

本书第一章与第二章，分享了先天与后天因素对婴幼儿人格建立的影响。第三章阐述了近年来对幼儿教育具有极大影响力的脑部发展研究，以及如何适性适量地刺激婴幼儿的大脑。第四章探讨婴幼儿的思考模式，以及如何协助婴幼儿主动建构并获得知识。第五章分析如何发觉孩子的智能强项与弱项，如何利用强项智能来提升弱项智能的发展。第六章则邀请父母反省自己的教养风格，并适时做出必要的调整。第七章解释了生态环境对孩子的影响，父母如何确保在孩子生活中所有关系都是正面的，以提升整体生态环境成为孩子成长的助力。第八章则以前面七章的儿童发展理论为根基，探讨父母最关心的孩子的问题行为，以及应该如何引导，父母可以借此做整体的检视。

在做父母之前，几乎没有人会花许多时间去学习做父母。大部分的人都以为能生就会养，边学边教。其实父母对孩子的教养，因为受个人成长经验以及上一代的影响，多半已有一个既定的行为模式，要调整自己的教养原则或方式，牵涉到价值观与既有习惯的改变，确实需要花一些心力。

但是孩子的成长是不能重来的，本书鼓励家长们"跟着大师教孩子"，从一开始就做好准备，把握教养婴幼儿的原则，有根有据地来引导孩子。不论是理论或是人生经验的体会，都指出：婴幼儿时期的经验，对人一生的学习发展有绝对的影响。人的基本性格、思考方式、生活习惯等各方面，几乎都在六七岁以前，就有决定性的发展，如果父母能在孩子生命中最初的一段时间就与其建立良好的亲子关系，对孩子提供适宜的教养，孩子各方面的学习与成长都将事半功倍。

也许你的孩子已经在小学或中学了，但本书中的许多理论如"天生本质"、

"多元智能"、"教养风格"、"生态学"等，是在孩子任何一个成长阶段都适用的教养原则，父母的反省与学习也永远不嫌晚。

　　虽说《跟着大师教孩子》是提供给父母进行家庭教育的参考，但是当父母不在孩子身边时，幼教老师们就是家庭教育的替代者，父母与老师之间一致性的教导也是至关重要的。这本书也可以帮助幼教老师们，从另一个角度来了解必须熟知的重要幼教理论。

# 第一章

## 你了解孩子的天生性格吗?

我们都知道,一个人的身高、长相、智商受先天遗传影响极大,但是你知道一个人的性格也会受先天遗传的影响吗?

孩子从出生那一刻起,就会显现出独特的人格特质,虽然或多或少受到后天成长环境的影响,但他这与生俱来的性格特质终其一生改变不大。父母要了解并接纳孩子就是这样的人,因材施教,在引导孩子学习的过程中就会事半功倍。

有句俗谚："一样米养百样人。"用来形容每个人的思想行为形形色色、各不相同。但这样的不同，除了后天环境的影响，先天的本质也是非常重要的原因。

我的好友安宜对这一点就有非常深刻的感受。她的大儿子从出生起就睡得很少，也很浅眠，常常夫妻俩才刚轻手轻脚把他放下，他就马上惊醒，放声大哭。宝宝的日常作息都不太规律，半夜总会醒来好几次，睁大了眼睛要人陪他玩。安宜是一个剖腹产的新手妈妈，孩子的状况实在让她吃不消；她也尝试过不少方法来"改变"大儿子，但都没有太大的帮助。慢慢地，安宜开始怀疑自己根本"不会带孩子"。

当大儿子渐渐长大，他经常"抱怨"各样的事情。记得小学的时候，安宜每天开车去学校接他，他上车后最常说的一句话就是："我真的不能再忍受这个学校了！妈咪，请你快一点把我转到别的学校去。"接着就是一长串的抱怨。

不久前的一个暑假，安宜一家人快快乐乐地准备去夏威夷度假，已经长成青少年的大儿子却一脸严肃地告诉安宜："妈咪，你知道吗？世界上每一年被树上掉下来的椰子砸死的人数，要比被鲨鱼咬死和被蜜蜂叮死的总人数多得多！"幸好经过十多年的磨炼，安宜已经学会从另一个角度欣赏他的"小心谨慎"，所以微笑着对他说："也许你可以查一查我们住的那间旅馆，是如何修剪管理他们的椰子树的。"

因为老大带给安宜的挑战太大，让她隔了六年才有勇气生了老二。

小儿子出生的时候，医院的空间不够，安宜与另外两位产妇共享一个房间，三个床位离得很近，中间只隔着布拉帘。安宜清楚地记得，隔壁的新生儿从早哭到晚，但是在这个拥挤吵闹的空间中，安宜的小儿子还是可以平静安详地睡着，该醒则醒，该吃则吃。回家之后，也很快就睡过夜，规律的生理时钟让安宜倍感轻松。一直到现在，小儿子已经九岁了，每天晚上仍旧是时间到了就睡觉。

小儿子是一个总是笑眯眯的孩子，不论遇到什么情况，总往好处想。每一年他都开心地对安宜说："妈咪，我真是太幸运了，我的老师是全校最好的老师。"和他的对话经常是这位朋友对他有多好，那位老师又是多么有趣，即使有人说了一个一点也不好笑的笑话，他也一定笑得东倒西歪。

## 理论这么说：

## 孩子天生本质大不同

人人都知道，一个人的身高、长相、智商都受先天遗传影响极大，其实，每个人也有着与生俱来的性格特质（inborn qualities），也就是所谓的"天生本质"（temperament）。不同于人的个性（personality）受后天的塑造，"天生本质"强调一个人的性格受先天遗传的影响，从出生的那一刻起，就显现出独特的人格特质，虽然多少会受到成长环境的影响，但终其一生改变不大。正如中国人常说的，"江山易改，本性难移"。

欧美从1960年代开始，有越来越多关于"天生本质"的研究。这些研究指出，每一个新生儿都带着与生俱来的性格特质，这样的"天生本质"影响着他对生活环境中各样人、事、物的行为反应，而生活环境中的人、事、物，也会对不同"天生本质"的人产生不同程度的影响。

在一个实验室研究中，有些小婴儿（约4个月大）看到一个会旋转并发出奇怪声响的机器人时，就开心地笑了；而有些小婴儿看到这个机器人，却大哭起来；又有一些小婴儿就只是安静地看着，不哭也不笑。借此可以发现，早在小婴儿时期，"天生本质"的差别就非常明显了。

## ● 九个本质特征

在"天生本质"的相关研究中，汤姆斯和切斯（Thomas & Chess）的研究是相当具有代表性的。该研究指出九个孩子们与生俱来的"本质特征"，孩子在每一个"本质特征"上的不同表现，形成了孩子的"天生本质"类型。让我们先来分析一下孩子在这九个"本质特征"上会有什么不一样的表现。

### 1. 活动量

孩子的活动量高，总是在移动，停不下来，一直在忙碌地做些什么事情；或孩子的活动量低，大部分的时间都不动，比较安静地做事情。

例如，有些孩子喜欢打球、赛跑、转呼啦圈等动态的活动；而有些孩子比较喜欢下棋、玩扑克牌、拼乐高等静态活动。

### 2. 规律性

孩子吃饭、睡觉等生活习惯定时且规律；或孩子该吃不吃，该睡不睡，生活习惯不规律。

例如，有些大一点的孩子只要稍加提醒，就能规律地将一天中的大小事一一按时完成；而有些孩子即使不断被提醒，也很难定时地完成一天中的大小事。

### 3. 趋避性

孩子不怕生，喜欢接触新人新事物；或孩子怕生，遇到新人新事物会回避退缩。

例如，有些孩子会主动地向认识的叔叔、阿姨甚至陌生人说话打招呼；而有些孩子即使遇到很久不见的亲友，也会躲得远远的。

### 4. 情绪本质

孩子总是很开心，常用正面的态度看待人、事、物；或孩子总是不开心，常用负面的态度看待人、事、物。

例如，有些孩子成天笑眯眯的，一点点小事就高兴老半天；而有些孩子成天皱着眉头，表情严肃，或若有所思，一点小小的不顺心就觉得是世界末日了。

### 5. 反应强度

孩子对事情的反应多半很平淡，喜怒哀乐的表达也很内敛温和；或孩子对事情的反应非常直接，喜怒哀乐的表达也很强烈。

例如，有些孩子不高兴的时候会流泪啜泣，或默默不语；而有些孩子会歇斯底里地大哭大叫，拳打脚踢，用身体撞墙或摔东西。

### 6. 敏感度

孩子"神经大条"，容易忽视身边的琐事；或孩子对周遭生活发生的事非常敏感，任何外在的刺激都容易对他造成影响，用一个词形容就是"龟毛"，指这个人很难搞定。

例如，有些孩子因为汤稍微凉了一点就不喝，菜的味道稍有不同就不吃；穿衣服一定要某种特别质料、袜子一定要某种特定的缝线、新衣服一定要把背后的小牌子剪掉，否则就会全身不自在。

而比较不敏感的孩子对衣服的选择，只要顺眼就好，对于不同的质料完全没有特别的感觉；吃东西更是随意，什么东西都好吃，味道变了一点，也吃不太出来。

### 7. 适应性

孩子对日常作息或其他生活上的改变，都能轻松快速地适应；或孩子非常排斥生活上的任何改变，需要长时间才能慢慢适应。

例如，幼儿园的老师带来泥土给孩子玩，泥土中有小虫、蚯蚓，有些孩子马上跃跃欲试动手去抓；而有些孩子却慢慢地靠近，专注地看着别的孩子玩，自己就是迟迟不敢碰面前的泥土。

### 8. 坚持度

孩子对事情坚持自己的想法，一定要照着自己的方法做事，总是想办法达到自己的目标；或孩子不太坚持自己的想法和做法，对生活中的挑战没有太大的耐心，遇到困难容易放弃。

有些孩子只要是自己有兴趣的事情，例如，玩电玩游戏不论遇到什么关卡，花上一天、两天，甚至更久，一定要靠自己打过关；但也有些孩子即使是自己喜欢的电玩游戏，遇到高难度的关卡，试个几遍就会放弃，要请其他高手朋友替他过关后，自己再继续玩。

### 9. 被干扰程度

孩子会屏蔽身边的任何干扰，专注在自己正在做的事上；或孩子容易被身边的事物干扰而分心。

例如，有些孩子可以在人群中读书或做功课，不太影响他的效率；而有些孩子即使在没有干扰、非常安静的房间里读书，也会把桌子上的小饰品拿起来把玩，完全忘记自己必须写完明天要交的作业。

### ● 三种主要的天生本质类型

"天生本质"的研究根据上面这九个"本质特征"，观察了两千多个孩子，结果显示这些孩子可以分为三种主要的"天生本质"类型。40%的孩子属于安乐型（easy）；困难养育型（difficult）的孩子，约占10%；慢吞吞型（slow-to-warm-up）的孩子，约占15%；另外还有35%的孩子，因为特质不明显，较难界定。现在让我们来看看这三种类型的孩子各有怎样的特色，父母们或许可以从中看到自己孩子的"天生本质"。

### 1. 安乐型的孩子

这类型的孩子每日的吃睡作息，基本上都非常规律。例如，小婴儿的时候，他喝奶定时定量，睡眠的时间固定，一觉到天亮。

他总以正面的态度面对新环境及新事物，适应力强；喜欢尝试新事物，对生活中遇到的改变有较强的适应能力。例如，他会对暑假过后就要上幼儿园非常期待，为了这即将面临的新体验与改变感到兴奋与骄傲，上了幼儿园也很快就适应了。

他心情总是很好，天天笑眯眯的，一点小事就能让他高兴老半天；非常乐观，很少有挫折感。例如，他考试得了65分，会开心地说："哇！我上次才考了60分，这次比上次进步了5分。"

当遇到困难或不开心的事，他总往好处想。例如，有人做了什么对不起他的事，他多半会认为这个人不是故意的，别理他就好了。因为不容易被身边发生的事所干扰，他的注意力也容易集中。

### 2. 困难养育型的孩子

与安乐型的孩子完全相反。这类型的孩子每日的吃睡作息都非常不规律，天生有一个不规律的生理时钟。婴儿时期，这种不规律的作息为大部分父母带来了极大的挑战。

大一点的时候，他多半不能有效地分配自己的时间，常常做了这件事，却忘了另一件更重要的事。他总以负面的态度面对新环境及新事物，适应力弱。他不喜欢尝试新事物，对生活中遇到的改变没有弹性。例如，他对暑假过后要上幼儿园并不期待，甚至有点排斥即将到来的改变，也要花很长的时间才能适应幼儿园这个新环境。

他的心情常常不好，任何一点小事都能让他不高兴。他的坚持度高，对自己想要得到或想要做的事非常执着，若不能顺心，多半会反应强烈。因为他的情绪反应强度大，会对不顺心的事大发脾气或大哭大闹，这些强烈的反应常容易激怒父母或身边的人。例如，他在百货公司看到了一个喜欢的玩具，父母不买，就在地上耍赖一定要，双方坚持，你来我往，最后快乐的周末被他弄得乌烟瘴气。

他也容易受到环境的干扰，周遭发生的任何事，像是旁边有人走动，或有声响，都可能影响他正在做的事，注意力因而不容易集中。

### 3. 慢吞吞型的孩子

这类型的孩子多半吃喝、睡眠都很规律，不会给人造成太多的困扰。然而他总是回避新的环境及不熟悉的事物，需要较长的时间来适应；不会主动尝试新事物，也不喜欢生活中的改变。

但不同于困难养育型的孩子，慢吞吞型的孩子情绪反应强度低。当被迫接受或加入不熟悉的活动，或与新的人、事、物互动的时候，困难养育型的孩子会大发脾气或大哭大闹，而慢吞吞型的孩子可能会紧紧地黏着父母，保持沉默或躲在教室的角落，给人一种被动或畏畏缩缩的感觉。他对人、事、物非常敏感，容易担忧或感到有压力。

慢吞吞型的孩子活动量低，不爱动，若是能坐着，绝不站起来。凡事慢慢来，吃饭慢，刷牙也慢，做任何事都给人一种拖拖拉拉的感觉。

跟着大师这么做：

了解并接纳孩子就是这样的人，因材施教

从上述分类可以知道，安宜的大儿子多半属于困难养育型，而小儿子应该属于安乐型。做这样的分类绝不是要给孩子们贴标签，而是希望在充分了解并完全接纳孩子的"天生本质"之后，能针对孩子的本质给予适当的引导。虽然人的"天生本质"一生改变不大，但是别忘了，后天的环境与先天的遗传会相互影响。

例如，一个害羞的孩子经过训练，也可能成为一个在众人面前侃侃而谈的演说家，这并不表示他已经不再害羞了，而是他经由训练找到了有效的方法，来克服自己先天上的限制。又如一个容易分心的孩子，可能终其一生都容易分心，但只要他知道自己的本质，就可以在做每件事之前，先把可能让他分心的事物隔除在外。

这些都需要后天的学习，有时需要很长一段时间的努力才有可能达成。父母的责任就是尽早协助孩子了解自己的"天生本质"可能会带来什么优势或问题，进而协助孩子找到合适的方法，来保持自身的优势并解决问题。

就像安宜了解并接受大儿子与生俱来的"困难"本质之后，对大儿子，从小就花费非常多的时间，尝试用各种方法来引导他。例如大儿子凡事往坏处想，喜欢抱怨，所以每天安宜要去接大儿子回家之前，一定准备好自己的心情，尽量不被孩子的"抱怨"和负面情绪所影响。她还与孩子约法三章，在说任何事之前，至少要先说一件今天在学校中发生的开心事。

"困难养育型"的孩子通常没有规律的生理时钟，为了帮助孩子建立规律的生活习惯，安宜也会认真地与孩子讨论每日的作息表，利用定时器、贴纸等小工具，协助孩子按时把大大小小的事情完成。久而久之，孩子也学会了用类似的方法来计划并控制时间。引导孩子的方法很多，没有绝对唯一的方法，但是了解孩子，并接纳孩子的本质却是第一步。

所以父母可以从以下几方面，去帮助自己的孩子：

### 1. 父母要学习、充分了解并完全接纳孩子的"天生本质"

中国人说"青出于蓝而胜于蓝"，父母都望子成龙、望女成凤。尤其今日的孩子在各方面的条件都比当初的我们好太多，以至于很多父母都难免认为，今天的孩子有什么理由不比我们更成功呢？

通常对孩子有高期望的父母，他们的孩子在社会上的表现也不差。但是如果父母不了解孩子的性格，对孩子常有不合理的期望，并坚持与孩子的"天生本质"硬碰硬，不仅亲子之间冲突不断，更有可能造成孩子反叛的心理，令父母失望。

例如，在讲究推销自己的开放社会里，父母大都希望孩子能大大方方与人互动，这是一个合理的期望，但是一个"慢吞吞型"的孩子，对于人或环境永远需要更多的时间去适应。当你带他第一次去上才艺课，他绝不会像"安乐型"的孩子马上开心地和老师打招呼，立刻加入学习的行列，他很可能会畏畏缩缩地躲在你身后，不愿参与活动。不要和别的孩子比较，更不要失望地对他恶言恶语："这堂课只有一个小时，你过去，不要浪费我的钱！""我今天有很多事，你呆站在这里干什么？不要浪费我的时间！"

父母要知道，"慢吞吞型"的孩子也想加入他们，但是他对不熟悉的人、事、物总是小心翼翼，需要暖身的时间，来对环境建立信任感，这样的感受来自他先天的本质，没有对与错。如果父母了解到这一点，就可以在上新的才艺课之前，多给孩子一些时间，例如，带孩子先去观察上课的教室，与老师闲聊，或和孩子一起讨论才艺课中可能发生的状况。

通常"慢吞吞型"的孩子只要多些事前准备，正式开始的时候就比较能进入状况。父母在此过程中所花费的时间、所做的努力，孩子都能感受得到，这对于建立孩子的安全感、促进良好的亲子关系，绝对大有帮助。

研究也指出"困难养育型"的孩子如果得到父母完全的接纳，也就是父母不会经常性地恶言批评或责备，而能不厌其烦、持之以恒地以温和并坚持的态度（gentle but firm）引导孩子，这类型的孩子会逐渐变得不那么"困难"，并能突破自己天生个性上的一些限制。

想要充分了解孩子的本质，父母应该多花时间用心观察，并多与孩子交谈互动。若有不确定的情况，也可以利用本章最后附上的"天生本质量表"来观察孩子，更明确地界定孩子的类型。

在这个过程中，父母要尽量避免从自己的角度去评判孩子本质上的好与坏，对孩子的天生性格千万不要恶言批评，理解**"天生本质"既是与生俱来的，也就没有什么绝对的好与坏**。例如，"困难养育型"的孩子，因为总是非常坚持己见，与父母或其他人常僵持不下，发生冲突。然而研究显示，如果父母引导得当，孩子这种高坚持度的本质，是将来在工作上成功的重要因素。因为凡事总往坏处想，凡事小心谨慎，反而会成为生活上的保护。

相反，"安乐型"的孩子因为凡事总往好处想，太过乐观，有时候反而容易带给他们一些不必要的伤害。例如，父母一般花比较多的时间在"困难养育型"的孩子身上，较"容易"带的孩子可能因此受到忽视。长此以往，这些"安乐型"的孩子会逐渐感到不公平、不受重视，到了青春期就有可能出现不在乎的态度与反叛的行为。

正如安宜的小儿子从小听话乖巧，对父母贴心可人，真可说是"上天赐的礼物"。但是到了青春期，却开始对许多生活中一直在做的事情缺乏兴趣，排斥许多父母为他安排的活动，亲子之间也出现越来越多的冲突。

安宜后来才发现，小儿子从小就非常在乎与他人，尤其是与父母之间的和谐关系，所以对于父母的建议总是顺从。但其实他内心并不真的完全认同别人给他的建议或父母为他做的所有决定，点点滴滴压抑累积在心里，到了青少年期就开始强烈地表达自我，经常反对父母的建议。

### 2. 父母也该认识自己的"天生本质"，这有助提升"亲子契合"程度

每个人都有与生俱来的性格本质，孩子有，大人也有。除了花时间了解孩子，父母也应该仔细回顾自己从小到大的生活，根据天生本质的研究来分析自己对人、事、物的各种感受及反应，进而也能充分了解并界定自己的本质特征。

**亲子之间的冲突很多时候是因为彼此有不同的"天生本质"所造成的。** 亲子间完全相反的性格本质，常会在每日生活中的大小事上造成摩擦，进而破坏了彼此的关系。例如，爸爸的活动量高、动作快，喜欢各种户外运动，而他的孩子却是"慢吞吞型"，活动量低，对高活动量的户外运动总是缺乏兴趣。这个爸爸有可能会觉得自己的孩子怎么成天坐着不动，一点活力也没有，叫他做什么总是拖拖拉拉的，真是太懒了。相对的，也有可能孩子的活动量高，随时随地都在动，而爸爸本身的活动量低，是个爱静的人，便觉得自己的孩子怎么成天坐不住又动个不停，真是太调皮了。

前面提到，既然"天生本质"是与生俱来的，没有绝对的好与坏，大人就不适合单用自己的角度，去评判孩子的心情感受及行为反应。尤其在亲子的本质类型完全相反的情况下，一方很难完全感受或认同另一方的反应。

研究鼓励父母在界定了亲子各自的天生本质类型后，仔细分析亲子关系上的问题症结，朝着建立"亲子契合"（Goodness of Fit）的方向而努力。例如，一个好静的爸爸应该经常提醒自己，天生好动、精力旺盛的孩子，并不是故意不听话

或爱捣蛋，只是孩子的行为反应，与自己喜欢的或习惯的行为模式并不一样。这位好静的爸爸应该站在带领的位置上，引导并支持孩子学习用正面的方式抒发精力，而不是随时随地地禁止孩子的活动量。

同样的，一个好动的爸爸，也应该经常提醒自己，孩子天生不喜欢动，活动量低，并不就是懒，勉强让他大量地活动或对其恶言责备，并不能帮助"慢吞吞型"的孩子改变被动的"天生本质"。爸爸反而应该温和、有耐性地用各种方法，引导孩子尝试各种不同的活动，让孩子逐步找到自己的兴趣所在，增加日常的活动量。

**父母不仅要了解孩子的本质特征，更需要对自己的"天生本质"也有一个全面的了解，才能精准地找出因为性格特征不契合而产生的亲子冲突。**如果这样的冲突确实存在，父母就应该调整对孩子不合理的期望，并根据孩子的状况来调整自己的教养方式。

### 3. 父母要引导孩子找到合适的方法，突破"天生本质"上的限制

虽说本质既然是天生的，就没有所谓的好与坏，然而孩子一生中将面对不同的环境，并与不同的人互动，其他的人未必能完全了解并接纳他。例如，前面提到不应该随时随地地禁止高活动量的孩子活动，但是如果孩子精力旺盛，在任何环境中都动个不停，也会造成他人的困扰，甚至发生意外。在餐厅、办公室及其他公共场合不停地跑跳，在家中的床上和沙发上跳个不停，或在室内快速地跑来跑去，对这些行为父母都应该加以引导。

就上述例子而言，父母首先要接纳孩子生来就有的精力旺盛的"天生本质"，理解他非常需要用正面的管道来抒发精力。然后父母每天都应该抽出时间，根据孩子的兴趣，带孩子加入高活动量的活动，例如，打球、舞蹈课，更可以自己带孩子到空间开阔的地方，如公园或运动场，与孩子一同跑跳。不论孩子的活动量多高，一个人的精力总是有限的，当孩子把大部分的精力用掉了，自然会在室内

安静下来。

如果父母能引导孩子用各种正面的方式来抒发精力，并且用温和且坚定的态度向孩子解释，用负面方式发泄精力会给别人带来困扰，假以时日，这个孩子自然会了解到自己的本质，学会尊重别人的感受，并找到适宜的方法来抒发自己的精力。

又如前面提到"安乐型"的孩子比较"容易"带，所以遇到困难的时候，别人总认为他会没事，他的感受就比较容易被忽视。其实，这类型的孩子非常在乎与他人的良好关系，为求表面的和谐，通常不坚持己见。年纪大一点的时候，也常会忽视和掩盖自己的负面感受，虽然凡事总往好处想，但也总有想不开的时候，久而久之就成为问题了。

父母应该仔细倾听他们的看法，不宜忽略他们极微小的意见，从小鼓励并引导"安乐型"的孩子，正视自己的感受，并明确地表达心中所想，尤其是他们不愿多谈的挫折和伤心的事。

"慢吞吞型"的孩子做事总是拖拖拉拉，这不仅带给别人困扰，也更影响他自己生活上的效率，甚至会造成日后生活和学习上的问题。父母可以从小就教导孩子学习规划自己的每日作息，例如，一起坐下来把每日该做的事一一列出，再用作息表来分配时间，每完成一件事就做一个记号。

孩子虽然没有明确的时间观念，但可以用定时器来提醒他们，也可以用图片和贴纸来代替作息表上所列出来的事项。例如，用定时器来提醒孩子看电视或玩的时间；用牙刷、穿衣、洗手、食物等可爱的小贴纸，来提醒孩子一天中该完成的事情，每做完一件事，就贴上一张贴纸给予鼓励。

### ● "天生本质量表"的使用说明

关于"天生本质"的量表很多，大部分的量表都是以前面提到的九个本质特征为基础而发展出来的。然而本章的量表，除了分别界定成人与孩子的"天生本质"以外，更重视对"亲子契合"的了解与发现问题之所在。

### 步骤一：评量孩子

根据"天生本质量表"上的九个本质特征，逐一地仔细分析孩子的表现。

为了避免一个人做的评量不够客观，除了你自己之外，也可以请孩子的老师、大一点的哥哥姐姐，或对被评量孩子很熟悉的其他大人，分别完成评量表，再将所有的评量表中每一项的分数加在一起算出平均值，就可视为表上那一项的分数。

### 步骤二：评量自己

根据"天生本质量表"上的九个本质特征，逐一地仔细分析自己的表现。为了避免自己做的评量不够客观，也可以请其他熟识的亲戚朋友，或是大一点的孩子来分别完成评量表。再将所有的评量表中每一项的分数加在一起算出平均值，就可视为表上那一项的分数。

### 步骤三：分析"亲子契合"程度，发现问题之所在

逐一比较自己和孩子在评量表上每一项的分数。如果其中任何一项，亲子之间的差距达到3或3以上，请将其列出来，并仔细分析造成差距的原因，以及这项差距可能在亲子之间产生的冲突。

若确实存在问题，就要进一步思考解决之道。

## 天生本质量表

被评量者姓名：_____ 评量者姓名：_____ 与被评量者的关系：_____

| | | | |
|---|---|---|---|
| 活动量 | 最低（好静） | | 最高（好动） |
| | 1 2 3 4 5 6 7 8 9 10 | | |
| | 大部分的时间不动，安静地做事情；或总是在移动，忙碌地做些什么事情。 | | |
| 规律性 | 最低（不规律） | | 最高（很规律） |
| | 1 2 3 4 5 6 7 8 9 10 | | |
| | 该吃不吃，该睡不睡，生活习惯不规律；或吃、睡等生活习惯定时且规律。 | | |
| 趋避性 | 最低（很怕生） | | 最高（不怕生） |
| | 1 2 3 4 5 6 7 8 9 10 | | |
| | 怕生，对新人、新事物退缩；或不怕生，喜欢新人、新事物。 | | |
| 情绪本质 | 最低（不开心） | | 最高（开心） |
| | 1 2 3 4 5 6 7 8 9 10 | | |
| | 总是不开心，常用负面的态度看待人、事、物；或总是很开心，常用正面的态度看待人、事、物。 | | |
| 反应强度 | 最低(情绪表现平和) | | 最高(情绪表现强) |
| | 1 2 3 4 5 6 7 8 9 10 | | |
| | 对事情的反应很温和、平静；或对事情的反应非常强烈。 | | |

（续表）

| | 最低（不敏感） | | 最高（很敏感） |
|---|---|---|---|
| 敏感度 | 1    2    3    4    5    6    7    8    9    10 | | |
| | "神经大条"，容易忽视身边的琐事；或对生活中的琐事非常敏感，容易受外在的刺激的影响。 | | |
| | 最低（适应性慢） | | 最高（适应性快） |
| 适应性 | 1    2    3    4    5    6    7    8    9    10 | | |
| | 非常排斥生活上的任何改变；或对日常作息及其他生活上的改变都能轻松快速地适应。 | | |
| | 最低（坚持度低） | | 最高（坚持度高） |
| 坚持度 | 1    2    3    4    5    6    7    8    9    10 | | |
| | 对自己想要的东西和想做的事并不执着，遇到困难的事不会坚持到底；或对自己想要的东西和想做的事非常坚持，遇到困难的事总是努力地去完成。 | | |
| | 最低（易被干扰） | | 最高（不易被干扰） |
| 被干扰程度 | 1    2    3    4    5    6    7    8    9    10 | | |
| | 容易被身边的事情干扰而分心；或不容易被身边的事情干扰，能专注在自己正在做的事上。 | | |

**父母想一想**

☐ 你认为人的性格受先天还是后天的影响较大? 为什么?

☐ 你了解自己(你孩子)的"天生本质"吗? 你喜欢自己(你孩子)的"天生本质"吗?

☐ 做完量表之后, 你是否发现目前存在于亲子之间的冲突, 确实与你和孩子之间"天生本质"上的差异有关系?

☐ 父母与孩子的"天生本质"非常相似, 是否就能达到完全的"亲子契合"?

☐ 你(你孩子)的"天生本质"如何影响你(你孩子)与其他人(父母、夫妻、朋友)的互动?

☐ 请思考一下, 该如何修正与孩子的互动方式, 以帮助孩子找到合适的方法, 突破"天生本质"的限制?

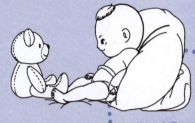

## 第二章
## 把握孩子个性建立的关键期

弗洛伊德相信，人的基本个性在六岁左右即已建立，而后一生的改变不大。

艾瑞克森更指出在每一个年龄阶段，孩子或正面或负面的发展，都将影响下一个阶段的成长。

孩子能否在人生最初的阶段建立信任感、培养自主性及主动性，也会影响他日后健康个性的形成。

幼年时期的发展可以说是一个人整体社会情绪发展的基础，至关重要。父母能做的，就是把握这段个性塑造的黄金期，提供良好的早期生活经验，帮助孩子建立健康正面的基本个性。

我的同事美福有两个孩子，老大不满三岁，他有一个心爱的玩具，平日绝不与人分享，甚至也不轻易让妹妹玩。但是美福发现，每天当她下班回到家，老大就会立刻把这个心爱的玩具拿到妹妹前面，让给她玩，然后快速拉着妈妈的手，要妈妈陪他一个人玩。美福知道，老大喜欢这个玩具，但更喜欢独占妈妈。美福疑惑："他不满三岁就懂得操控别人，以达到自己的目的，有点可怕吧！这么小的孩子怎么就懂得使'诈'了呢？"

## 理论这么说：

### 幼年时期是后天个性建立的关键期

一个人对人、事、物的感受和反应，会同时受先天及后天因素的影响。第一章谈到的"天生本质"，即是先天的影响，每个人与生俱来各不相同的天生特质，对同一种状况自然会有不一样的感受和反应。

而本章重在探讨后天的经验如何影响孩子个性的建立。心理分析大师弗洛伊德（Freud）和艾瑞克森（Erikson）的理论，对人的个性（personality）的建立有非常精辟的分析。一个人的个性会影响他对自我的看法，以及对外在人、事、物的看法，进而影响个人与他人的关系，也影响他人生中所做的每一个决定。

### ● 弗洛伊德的人格建立理论：三个"我"的互相拉锯

弗洛伊德并没有特别研究过孩子，但他常常倾听和辅导许多心理有困扰的成人。他发现幼年时期的生活经验，对这些心理有困扰的成人产生了很大的影响，塑造了他们固定的行为模式，有些人更因此不断地重复错误的决定。

弗洛伊德相信人的个性可分为三个部分——**本我，自我，超我**。

人在出生的时候就有明显的**"本我"**，代表人最原始的需要，我想吃什么就要吃什么，我想做什么就要做什么，自己喜欢什么就要得到什么，完全不考虑别人的想法，应不应该或是对与错，只有自己，没有别人，这是人第一部分的个性。

在出生后的第一年中，小婴儿开始逐渐发展产生**"自我"**，也就是人类的知觉。他开始慢慢地了解到，除了我想要的、我喜欢的，原来还有不同于我的感觉与看法。想喝奶就放声大哭，却看到妈妈摇摇手说："你才刚喝过，先玩一下，等一下再喝吧！"这时他会想：奇怪，妈妈的看法怎么和我不一样呢？"自我"是人第二部分的个性，此时的小婴儿虽然对外在的意见与要求有意识，但仍不知道谁对谁错。

在3岁左右，孩子才开始有了最初期的"是非对错"的观念，也就是**"超我"**，这是人第三部分的个性。孩子从身边人的行为和被告知的对与错中，慢慢地了解到社会的价值观及众人对他的期望，以及什么事该做、什么事不该做。

在孩子个性的三部分都开始发展以后，接下来的几年中，也就是3~6岁之间，这三个部分会不断地互相拉锯，许多生活过程中所做的决定，都是这三个部分来回商议的结果。

在图2-1中，左边是**"本我"**，孩子今天已经吃了一颗糖，但**"本我"**还是非常想再吃，不管别人怎么反对，自己就是要再吃糖。一旁的**"超我"**马上反应："妈妈说了好多次，一天只能吃一颗糖，绝对不能再吃，糖吃多了会有蛀牙，牙齿会痛。"夹在中间的**"自我"**仔细地思考分析**"本我"**和**"超我"**两方面的要求：

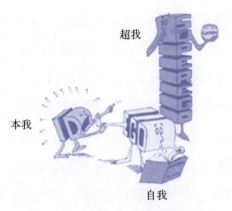

图 2-1　三部分个性的互动关系

"我真的很想吃糖，但妈妈说不可以再吃了，我该怎么办呢？该听'**本我**'的，满足自己？还是听'**超我**'的，乖乖听妈妈的话，控制自己，明天再吃？"

"**本我**"这时又说："糖好好吃喔！再吃一颗没关系嘛，妈妈不在，我知道妈妈把糖放在那边的架子上，我搬个小板凳，站上去就可以拿到了。""**超我**"说："妈妈虽然不在，但是吃太多糖是不对的，也不可以偷偷地去拿，妈妈知道了，会很生气。"夹在中间的"**自我**"，一个头两个大："'**超我**'说的是对的，但是糖真的很好吃，而且妈妈也不一定会发现，我该怎么做呢？"

三部分个性不断地拉锯之后，孩子所做的决定，就会影响他基本个性的建立。在孩子3-6岁这几年，每天的生活中会有非常多类似的进退两难的状况出现，如果幼儿经常选择听从"本我"、只满足自己原始的需求，或听从"超我"做父母师长认为对的事，就会形成一种习惯，而影响健全个性的建立。弗洛伊德相信人的基本个性在六岁左右即已建立，而后一生的改变并不大。因此在幼年时期，特别是3-6岁之间，父母师长对孩子的行为引导特别重要。

## ● 艾瑞克森的社会情绪发展阶段：借由与他人互动来塑造个性

艾瑞克森是弗洛伊德的追随者，但他更相信人类行为能力的主要动机，是每个人都渴望与其他人互动，并建立关系。而人在一生中的每个阶段，与其他人互动的状况，绝对会影响他后天的个性，以及社会情绪的逐步发展。

所谓社会情绪发展包括两方面：一方面是个人的情绪、感受，另一方面是个人与他人的关系；这两方面的发展是并进且相互影响的。艾瑞克森将人一生的社会情绪发展分成八个不同的阶段，也分别有八个阶段性的挑战，而幼年时期是最前面的三个阶段。若在每一个阶段，孩子能与身边的人有良好的互动，并成功地通过每一个阶段的挑战，建立正面的社会情绪，这个孩子便会随着年龄的增长，塑造越来越健康正面的个性。

让我们来一一探讨婴幼儿的三个社会情绪发展阶段。

### 1. 信任与不信任阶段（0-1岁）

**出生到1岁阶段的小婴儿，最重要的任务是建立对人、事、物完全的信赖感。**在这一年中，小婴儿有各种不同的需要，而且完全依靠父母和其他照顾者来满足。

弗洛伊德认为小婴儿最主要的需要是口腔的满足，那也是为什么小婴儿都是抓到东西就会往嘴里放。而艾瑞克森则认为小婴儿口腔的需要确实存在，但是除了口腔的需要必须被满足外，他们还有各式各样的需要，而且小婴儿们的需要也存在着个别的差异，这些需要都必须得到满足。

例如，一个非常敏感的小婴儿，只要房间的温度低了一点或高了一点，就有可能让他感到不舒服，放声大哭。但另一个不太敏感的小婴儿，可能就没有这样的需要。又例如，一个经过长时间分娩过程的新生儿，与一个快速顺产的新生儿，在健康、情绪和安全感上，也会有非常不同的需要。这些不同的需要没有对错，孩子都应得到父母或照顾者积极的响应。

在第一年中，小婴儿的"**本我**"还很强，只会根据原始的需要，向身边的人发出呼求。他们的大脑还没有复杂到会操控他人，所以他们发出的呼求都应该立刻被满足，才能建立对周遭人、事、物的**信任**。

若是小婴儿在这一年中的需要没有被满足，不论如何呼求都得不到他人，或者最常接触且最亲密的父母对他的需求的响应，就会对周遭人、事、物产生不信任与不安全感。而在这第一年中形成的不信任，一定会对他下一个阶段中建立自主性的过程，产生负面的影响。

### 2. 自主与羞愧/怀疑阶段（1-3岁）

**1-3岁的孩子最重要的任务是建立自主性**。大多数的孩子在1岁左右开始说话和走路。有了表达的能力和活动的自由度以后，孩子的世界扩大了，他们不再完全地依赖父母。他们开始察觉到自己的独立自主性，有自己想要做、可以做的事，更乐于见到自己的行为对环境产生的影响。

这个阶段的孩子，也称为学步儿（toddler），他们若在第一年中建立了信任感，在此阶段就会勇敢探索生活周遭的大小事物。学步儿都是非常好奇且好动的，若是他们在第一年中形成了**不信任感**，即使他们对身边的事物好奇，也会因为对人与环境的不安全感而退缩，不敢大胆地与身边的人、事、物互动。

一般而言，有**信任感**的学步儿到了这个阶段，看到任何东西都想碰一下，好奇会有什么结果。客厅里的录像机单击一下就会动，上面有个洞可以塞小玩具进去；厨房有很多抽屉，一个一个拉开，里面的刀、叉、锅子敲起来的声音真有趣；厕所里的卷筒卫生纸可以一拉再拉，变得好长好长。

许多父母都认为学步儿说不听、爱捣蛋、难带，所以当他们不停地按录像机、把抽屉全都一个一个地拉出来、把锅碗瓢盆丢落一地、将卫生纸搞得乱七八糟的时候，父母多半会拉高了嗓门对孩子大叫："不！不！不！"为了不让孩子乱弄，有时还会立刻把孩子的小手抓起，用力地打一下，让孩子记住。

父母别忘了，3岁以前的孩子还不完全清楚"对与错"，他们不明白自己出于好奇的行为，为什么会让爸爸妈妈那么生气。艾瑞克森强调，学步儿的好奇与探索，有助于他们建立自主性，然而来自他人的禁止会让他们怀疑自己的探索行为，甚至为自己的行为感到羞愧。

这个阶段的小宝宝还有一个共同的行为模式，就是一切要自己来。自己拿东西、自己穿衣服、自己吃东西，然而他们几乎不能把大部分的事情做得很好。他们自己倒水，会把水洒了一地；自己吃东西，会把东西弄了一桌子、掉了一地；自己拿东西，也可能会跌一跤。父母多半会说："妈妈帮你拿。""爸爸喂你吃。"或者："你还小，不会弄，等你长大了再自己做。"

父母说的也是实话，学步儿的手眼协调及肢体发展都还不成熟，根本无法替自己完成许多事，但是从社会情绪发展的角度来看，在这个阶段支持他们的自主性是更为重要的。在他们想要自己完成事情的时候，如果父母常常告诉他们不可以、他们做不好，那么等他们长大了，什么事都要父母替他们做的时候，父母们可不要抱怨"孩子都这么大了，怎么自己的事都不做，也做不好"。

### 3. 主动与罪恶感阶段（3-5岁）

**3-5岁的孩子最重要的任务是建立责任感，并对人、事、物能采取主动。**他们知道因果关系，更明白父母开始要求他们对自己的身体、行为、玩具等负责任，他们的所行所事也几乎都是有目的的。例如本章一开始提到的小哥哥刻意地将心爱的玩具拿到妹妹面前，因为他知道当妹妹有东西玩的时候，他就可以独占妈妈，于是主动地用自己的想法来改变或摆布环境中的人、事、物。

如果孩子在前两个阶段都发展得很好，也就是说孩子信任周遭的人与环境，有安全感，并也建立了自主性，在3-5岁这个阶段，他们就会在生活中采取主动，例如三四岁的孩子会在团体中发表自己的看法；有各种不同玩耍的方式和想法；会主动参与其他孩子的游戏等。

父母需要注意，在这个阶段的孩子仍然不成熟，不要过度纠正或批评他们的想法与做法。经常被父母批评和禁止的孩子，会因为无法达到父母的期望，而产生罪恶感。持续的罪恶感不仅会导致被动的行为，更有可能降低孩子的自我价值观（self-esteem）。

我曾经在幼儿园中看到一个孩子认真地为熊猫图片着色，他用大红色的蜡笔仔细地涂满熊猫手上的甜竹。一个年轻的老师一把抓走他手中的大红蜡笔，递给他一支绿色的蜡笔，并大声对孩子说："你看过红色的竹子吗？熊猫吃的竹子都是绿色的，用绿色的涂！"这个孩子正主动地用自己的方式来表达他的世界，然而老师的不了解与禁止，可能会让他不敢表达自己的想法，害怕会再画错了，让老师失望。所以**经常被批评的孩子，会习惯性地等待别人给予指令，告诉他事情该怎么做，而不会再主动探索和实验自己的想法。**

3-5岁的孩子，也有一个独特的行为模式，那就是他们非常喜欢帮助别人、替别人做事。他们不仅要自己喝水、自己吃饭，他们还要替爸爸妈妈倒水，帮忙拿东西、擦桌子等。因为肢体发展还不够成熟，所以多半时候都帮不上忙，反倒会把东西弄得一团乱。在这个阶段，父母如果能接受他们的"越帮越忙"，允许一点凌乱，支持孩子想要帮忙的行为模式，甚至使用各种方法帮助孩子把事情做得更好，这会有助于孩子建立自信心，更有助于他们持续保有主动性，勇敢地去表达与行动。

### 跟着大师这么做：

## 了解孩子每一个社会情绪发展阶段的需要，给予支持与引导

弗洛伊德认为，人的基本个性在6岁左右就已成形，幼年时期的经验及亲子

关系，会直接地影响个性的健全与否。艾瑞克森更指出，孩子的社会情绪的发展是一个循序渐进的过程，在每一个年龄阶段，孩子或正面或负面的发展，都将影响他下一个阶段的发展，幼年时期的发展可说是一个人整体社会情绪发展的基础。孩子能否在人生最初的阶段建立信任感、培养自主性及主动性，也会影响他日后健康个性的形成。

父母能做的，就是在孩子的每一个社会情绪发展阶段，提供良好的早期生活经验，帮助他们建立健康正面的基本个性。

## ● 如何给予各个社会情绪发展阶段的孩子适当支持？

### 1. 1岁以前，尽力满足小婴儿的需要

在0-1岁"信任与不信任阶段"，为了帮助孩子建立对周遭环境的信任感，唯有让小婴儿感受到他的每一个需要都得到关注，他才能信任身边的人与环境。例如，小婴儿哭了，父母应该马上到他身边，看他是不是饿了、冷了、尿布要换了、身体不舒服，或者他只是要抱抱，都应该响应他的需要。

在忙碌的今日社会，许多小婴儿的主要照顾者都不是自己的父母，可能是保姆或其他亲人，父母若不能亲身照顾，那么，在孩子照顾者的安排上就要格外注意。虽然只有一年多的时间，但在这一年中小婴儿的需要若得不到完全的关注，他将难以建立对人与环境的信任，父母一定要确定孩子的照顾者能积极地响应孩子的需求。

当然，这种完全满足小婴儿需要的看法，并不是每位父母都能够接受的。例如，新生儿经常啼哭，一抱起来就不哭了，许多老人家看了会说，只要孩子吃饱、尿布换了、没有生病，就不要随便抱他，以免养成习惯，将来累的是父母。然而1岁以前的小婴儿没有正式的语言能力，只有用哭来与外界沟通，当他们哭的时

候，其实是在和父母说话，在述说他的需要。

听到孩子哭，父母不需要心慌着急，重点应该放在了解他们的需要上，并尽力满足。如果你知道他们要的就是抱抱，就应该抱抱他，有一句名言："你是不可能宠坏一个1岁的小婴儿的。"1岁以前，小婴儿的脑部还没有复杂到会操控他人，他们的需要单纯又直接，要抱抱，可能只是因为害怕，或是需要和妈妈有肌肤之亲，感受在母腹中小而安静的空间感。

每个小婴儿啼哭的原因可能都不太一样，有的时候我们也不能完全确定背后的原因，但是如果抱抱能给他安慰，让他有安全感，虽然辛苦一点，却有助于孩子建立稳定的社会情绪，那绝对是值得的。

## 2. 为1-3岁的孩子，打造安全的生活环境

1-3岁的孩子处于"自主与羞愧/怀疑阶段"，父母要做的是帮助孩子建立自主性，应该着重在满足他们的好奇心，并让他们在安全的环境中自由地探索。

这个阶段的学步儿能走、能说，常常是闲不住地东摸摸、西碰碰。如果客厅的桌子上有一瓶漂亮的玫瑰花，他一定一把抓过去；如果他打开厨房的抽屉，发现一把亮亮的刀，他会拿起来把玩；如果他在地上捡起了一只死苍蝇，他会看看、闻闻，再放进嘴里尝一尝。

所以**为学步儿安排一个"幼儿保护"（child proof）的环境是很重要的，父母应该仔细地检视1-3岁婴幼儿所生活的环境，确定他接触到的每一个角落都是安全的**。父母要从小宝宝的角度来观察他们可能会摸、会动和会做的每件事，在有可能会引起危险的东西上，都要为孩子加上保护措施。例如，为墙上的插座加上盖子，防止婴幼儿用金属的小东西去抠；在家具的尖锐处包上海绵，或在水泥地上铺软垫，以免孩子碰撞；给装有危险用具或药物的柜子和抽屉上锁；在楼梯和可攀爬的地方用婴儿门或其他物体隔开等。

父母花心思准备"幼儿保护"环境，不仅是为了孩子，也能让父母不用随时紧跟在孩子的后面说："不！不！不！"在这个阶段，帮助孩子建立自主性是第一要务，如果父母经常禁止孩子的行为，或经常责骂他们出于好奇所做的事，都会让孩子怀疑自己的探索行动，甚至因为达不到父母的期望，而为自己的行动感到羞愧。持续负面的自我感受也会让他们不相信自己，更无法建立自主性。

好奇又好动，是1-3岁婴幼儿的特质，孩子很快就长大了，父母可以在这几年中，把自己心爱的玻璃饰品、高级音响或白色窗帘先收好一阵子，以免好奇宝宝弄坏了心爱的东西，引来亲子冲突。

1-3岁的孩子在建立自主性的过程中，还有一个常见的行为模式，那就是凡事都要自己做，因为各方面的发展尚不成熟，即使他们想这么做，多半也无法尽如己意。

父母应该把重点放在多鼓励他们完成，而不是做得好或不好；应该花心思在生活环境中多做一些改变，帮助想要"自己的事，自己做"的宝宝更顺利地完成自己的工作。例如，为孩子准备可以轻松掌控、不会打破的小型用具或餐具；为他们准备不容易弄乱、可以自己喂食的"手指食物"（finger food），包括小块的红萝卜、青豆、豆干等；购买样式简单且容易穿脱的衣物、鞋子。

如果孩子想要自己做，但又做不好的时候，可以视情况加以帮助，但不需要完全替他做。例如，替他穿上衣服一边的袖子，再让他自己穿上另一边，或替他把袜子套上脚，再让他自己把袜子慢慢拉上来等。

### 3. 鼓励3-5岁的孩子，自由发挥实践自己的想法

**照顾3-5岁正值"主动与罪恶感阶段"的孩子，父母最重要的任务是帮助他们对身边的人、事、物采取主动，允许他们自由发挥自己的想法，用自己的方式表达。**

3-5岁的孩子有许多自己的想法，也尝试着去实践，当然从父母亲的角度来

看，这些想法既不成熟又不合逻辑。不过就这个年龄阶段的社会情绪发展而言，鼓励孩子发挥自己的想法，按照自己的方式和速度来表达，比孩子想法本身是否合乎逻辑更为重要。

举例来说，"测量"是3-5岁孩子非常有兴趣、却又容易混淆的观念。有一次，我看见一位老师和孩子玩"医院"的角色扮演游戏，一个4岁的孩子拿着一条皮尺，要老师伸出手臂，孩子从肩膀到手指尖，仔细地替她测量，认真地告诉老师："你发烧了！"老师听了，并没有一脸严肃地、长篇大论地解释这两种测量的不同，只是微笑着拿起旁边的玩具体温计放在腋下，对孩子说："我的医生都是这样替我量体温的。"

很明显，这个孩子混淆了不同的测量方式，此时成人冗长的解说及过度的纠正，只会带给孩子更多的挫折，因为测量是一个需要更多学习机会才能弄明白的观念。所以老师简单地表达了使用体温计的一种方法，接下来就是设计更多与测量相关的活动，让孩子有重复学习的机会。

3-5岁的孩子在尝试用自己的方法来表达的时候，非常需要父母的支持鼓励与尊重，即使他们的想法往往不合逻辑。父母如果能从孩子的角度加以引导，会更有助于孩子在生活中持续地采取主动行为，不断地实验自己的想法，不断地学习。

3-5岁的孩子若能对身边的事物采取主动，便会很喜欢帮身边亲近的人做事情。虽然有时会越帮越忙，但是父母如果能把重点放在支持孩子的主动性上，能多花心思找方法来帮助孩子，孩子就可以更好地帮助身边的人。

举例来说，孩子要帮忙清扫，爸爸妈妈可以准备小型扫把、拖把、畚箕，将小抹布分颜色，白色的擦桌子，黑色的擦地，方便孩子使用。孩子要帮忙煮东西，可以视情况简化煮食的过程，让孩子参与部分工作，像是用小剪刀把青菜剪成一段一段的或把不同的东西搅拌在一起。孩子要帮忙整理花草，可以为他准备小铲子、小浇水壶、小手套等，方便孩子参与。

虽然孩子帮忙后，父母的收拾工作可能反而变多，还不如自己做，但是如果父母在此时什么都替孩子做好了，那么将来就不要抱怨："你都十几岁了，为什么家里的事都不会帮忙！"因为他曾经在4岁的时候，想要帮忙洗菜，妈妈却告诉他："你还小，不会做，等你长大了再做。"

### ● 对孩子做正面的示范、一致性的教导

孩子从3岁开始发展"**超我**"，了解社会的价值观，学习什么是对的，什么是错的。

基本上，孩子的"**超我**"就是父母和老师，是身边主要的照顾者，这些经常与孩子互动的人，就是孩子学习的对象。照顾者用言行来告诉孩子什么是适宜的行为，什么又是不当的行为，孩子开始知道社会对他的期望，也开始逐步建立自己的价值观。所以孩子身边大人们的教导具有"一致性"是非常重要的，要是孩子身边有些"**超我**"说这样是对的，又有些说那样是对的，或是大人们说的和做的常常不一样，都会让孩子产生困惑，无所适从。

我曾经和一位幼儿园的老师谈起"吃奶嘴"的问题，老师强调，孩子的家庭教育与学校教育应该有一个衔接，也就是两者必须有"一致性"，孩子不能在家中学的是一套规矩，而在学校中学的又是另一套。就拿"吃奶嘴"为例，有的父母怕吃久了影响孩子未来牙齿的结构，所以只要孩子睡醒了，一定不可以再含着；有些父母却认为如果含着奶嘴能让孩子情绪稳定，有安全感，孩子想含就含，这两种价值观并没有绝对的对与错。

这位老师将重点放在家庭与学校"一致性"的教导上，所以在她的教室里，会有2岁的孩子含着奶嘴走来走去。那么当那些想含奶嘴，但父母不赞同的孩子，看到别的孩子可以含奶嘴，指着问老师的时候，老师又该如何回答孩子呢？这位老师会说："他的妈妈说他可以含着，你的妈妈怕你奶嘴含久了会伤害你的牙齿，

所以睡觉的时候可以含着，醒了就要收起来。"老师尊重每一个孩子都是独立的个体，每一个孩子有独特的家庭文化和价值观。不同的家庭、不同的人一直就存在于社会中，孩子应该学习去接受"不同"，然而每个孩子身边的人应该同心协力保持"一致性"的教导，这是孩子建立核心价值观所必需的。

对于刚开始了解对与错的孩子，父母言行一致的教导也是非常重要的。例如，父母都会教导孩子有事情好好说，不要大哭大闹。然而孩子许多时候用言语表达不清，仍会大哭大闹地表达不安，要是父母嫌他们不乖吵闹，自己先失控对孩子大发脾气、大声责骂。这样言行不一致的状况会让孩子困惑，甚至误导孩子，以为发怒才是解决之道。

我常遇到一些拥有高学历的年轻妈妈，为了刚出生的小宝宝留职停薪或放弃工作，她们在家陪伴孩子，也会感受到一些社会的压力，"堂堂的博士，在家带孩子？孩子总会长大的，这样的牺牲值得吗？"

弗洛伊德说，孩子在3岁左右，三部分的个性均已发展，在6岁左右，基本个性大致已建立，而后一生的改变不大。如果在孩子三部分的个性正在拉锯挣扎、无法做决定的时候，大人都在一旁给予适当帮助，孩子多半会做出好的决定，慢慢就变成了一种习惯，建立健康正面的个性。

就像在图2-1中，孩子正为了该不该再拿一颗糖而举棋不定的时候，如果妈妈在旁边适时出现给予建议："你已经吃了一颗糖，来！我们去玩玩具，明天再吃一颗。"注意力转移后，孩子多半就不会去偷拿糖。经由妈妈的引导，孩子做出了正确的决定，只吃了一颗糖，且心情平静地度过了一天。若妈妈常在一旁提醒孩子做正确的决定，持续一段日子之后，孩子不但会习惯做正确的决定，也会对自我的控制力更有信心。

所以，如果父母不能找到一个可以作为孩子行为典范、用心了解孩子并积极响应孩子的成人，来代替自己照顾孩子，留在家中亲自照顾孩子绝对是值得的，因为孩子的成长是不能重来的。

父母想一想

□ 你是否认同，人在3岁左右就开始有了对与错的观念？为什么认同或不认同？

□ 你是否认同，应该立刻满足1岁以前小婴儿的所有需要？为什么认同或不认同？

□ 你是否认为，2岁左右的学步儿"说不听"，是最难带的？请思考一下，如何重新安排孩子的环境，以利于学步儿的探索行为？

□ 谁是你孩子身边的主要照顾者，是你自己、保姆或其他人？孩子与主要照顾者之间的互动方式，是否有助于孩子正面的基本个性的建立？

□ 请思考一下，孩子身边主要的"超我"有哪些人？这些人是否都是良好的示范？这些人彼此之间是否有相似的教养价值观，对孩子有一致性的教导？

第三章

如何激发大脑的潜能?

孩子的大脑充满无限的可能性,发展过程中需要非常多的刺激,才能启动并连接脑部的基本功能,继而进一步激发极致的潜能。然而过度的刺激,又会使大脑主动关闭,并拒绝接收外来信息。父母可以善加利用孩子周遭环境本就存在的经验与情境,给予孩子的大脑适当、适量的刺激与学习的自由度,以助其大脑充分发挥潜能。

许多年前，我参加一位大学同学的聚餐，几位同学都才刚做了年轻的妈妈。其中有一位同学令我印象深刻，她带着1岁多的女儿出席，身边还跟着一位穿着整齐、看来相当专业的保姆。

当时人很多，大家吃得高兴、谈得愉快，我却注意到这位保姆不断地和小宝宝互动，问她问题，更不时地用手指着各样东西、说出每样东西的名称，她还从随身的大袋子中拿出一些有图文的卡片，念给小宝宝听。

我好奇地问孩子的妈妈是怎么一回事，她说这是目前流行的零岁教育："你不知道吗？大脑是需要被刺激的，孩子的脑就像一块海绵，人生的前两年是最关键的时刻，孩子若在这两年中有足够的外在刺激，就会更聪明，所以我聘请了专业的零岁教育老师，随时给我的孩子好的刺激。"

此次的聚餐中，另一位同学也有一个1岁多的小宝宝，我问她孩子为什么没有来，她却说："孩子还那么小，什么也不懂，吃饱了、睡好了最重要，我很少带他出门，经常外出容易吹风感冒，还是留在家里好。"

## 理论这么说：

### 刺激不足或过量，都不利大脑发展

小婴儿对外来刺激的接受度如何？他们对外来所有的刺激都能照单全收、越多越好吗？还是他们尚未成熟，对外来的信息吸收有限？

前面提到的两位年轻妈妈，显然有非常不同的看法，如果我们能了解幼年时期大脑的发展，或许可以找到一些答案。

人类的脑部在母腹中6个月大左右时就发展得很好了，比起身体任何其他部位，脑部的发展在胎儿时期是最快速的；幼年时期脑内的活动力也是成年时的两倍半。

新生儿基本上是头大身小，看起来有些不成比例。他们的脑部体积大约已有成年时脑部体积的25%的大小；在3岁左右，则快速发育成约75%的大小；5岁左右约为90%的大小。就脑部的大小而言，人在5岁以后只有10%左右的成长空间，难怪许多人都非常重视婴幼儿是否有足够的脑部刺激，深信这么做对孩子未来的智力发展会有极大的帮助。

虽然脑的大小未必和孩子的智商画上等号，但是近年来有关脑部发展的研究确实让我们认识到，**早期生活经验会影响孩子脑部的发展，进而影响他一生的学习。**

### ● 没有受到适当刺激的脑细胞，会被逐一剪除

人的脑中有许多脑细胞，作用是储存信息及传送信息。每一个脑细胞都有许多树突和一个轴突，树突用来接收信息，轴突用来输送信息。脑内发出的及接收的信息，都会触动许多脑细胞的运作，这些脑细胞会越过突触，将信息传送到其他的脑细胞。

新生儿的大脑中约有一千亿个脑细胞，远远超过人一生中所需要的脑细胞量。然而此时脑细胞的树突和突触还很少，彼此的协调性和组织性还没有发展得很精密。等到出生以后的两年，婴儿大脑中的树突和突触才会大量成长，在2岁左右，婴儿有一百兆左右的突触，逐渐形成一个越来越成熟的脑神经网络。

但是这种快速的成长只是暂时性的，伴随着树突及突触快速增加的同时，脑部的"突触剪除过程"（Synaptic Pruning）也在进行中。大量没有使用的突触和隔

断的脑细胞会被剪除,也就是退化且完全失去功能。就像长得不好、不结果子的树枝,会被完全修剪掉一样,这种修剪过程会持续一生之久,但在幼年时期修剪的速度是最快速的。

什么样的脑细胞会被修剪,并退化死去呢?基本上**不被刺激和使用的脑细胞,就会被剪除。**

新生儿的脑部只有其中的基本结构能完全发挥功能,例如位于中央的脑干,**而脑中其他部位的连接与发展,完全要靠幼年时期的经验来启动。**

研究显示,将在健康家庭中成长的婴儿,与罗马尼亚弃婴的脑部断层扫描加以比较之后,在健康家庭中成长的婴儿因为经常与外界互动,得到各种各样的外来刺激及信息的输入,所以他们的脑细胞中有各种各样的信息传送,充满了活动力。

这些经常接收信息、传送信息和有着丰富活动力的脑细胞,会持续存留在婴儿的脑内,并经过一个"髓鞘增生"(Mylenation)的过程。过程中所有存留的脑细胞会变得更强壮,能更有效率地传送信息,孩子因而能更快地思考,更迅速地对事情做出反应。

然而那些罗马尼亚弃婴自出生后不久就被收养在孤儿院中,几百个小婴儿一个个分别睡在婴儿床内,因为人手有限,一天中大半的时间他们都独自躺在自己的小床中,也不曾离开过婴儿房。几百个婴儿每天由几个成人在固定的时间替他们换尿布及喂奶,与外界几乎没有互动,只是天天看着毫无装饰的天花板。

这些孩子的脑部断层扫描,与健康家庭中成长的婴儿非常不同,他们的脑细胞没有信息的接收与传送,也几乎没有活动。许多脑细胞因为没有被适当地刺激,就开始退化,在快速的剪除过程中被一一修掉。

这些脑细胞因为没有刺激及学习的机会,自然而然无法发展组织性与协调性。

## ● 婴幼儿的大脑有惊人的可塑性

另外一个关于脑部可塑性的研究,也强力地支持"脑部发展在婴幼儿时期最关键"的观点。

人在出生后脑部就快速地进行着一个"侧划"（Lateralization）的过程，将左右脑的功用逐渐地划分出来。对惯用右手的人而言，左半边的脑主要管理语言、正面情绪及右半身的肢体动作；右半边的脑则控制空间概念、负面情绪及左半身的肢体活动。

虽然大脑快速地划分出左脑与右脑的不同功能，但在婴幼儿时期，脑的可塑性很大，侧划的过程可以针对外在的变化而灵活调整。

有一个叫裴迪的小女孩，在3岁的时候出现癫痫的症状，刚开始发病频率并不高，然而状况急速恶化，直到每天有一百到两百次抽筋的现象，完全失去了对左半身的控制能力。小裴迪的父母心急如焚，到处寻求帮助，最后找到了美国一所知名的医院。

医生认为小裴迪的问题完全来自她的右大脑，必须用手术把右大脑整个拿掉，才不会再出现频繁的抽筋状况，也才能够正常地生活。因为孩子的脑仍有很大的可塑性，所以医生认为拿掉右大脑以后，左大脑会立刻接收到信息，逐渐担负起右大脑的功能，只要好好地做复健，小裴迪多半可以正常生活。

结果比预期的更理想，小裴迪在拿掉整个右大脑后的第十天，就可以自己走出医院，也不再出现癫痫抽筋的现象。经过多年的复健，小裴迪不仅可以正常地做一切事情，在校的各科成绩也都很优秀。

小裴迪不是唯一一个成功的案例，在美国也有一些孩子有相似的经历，在拿掉部分的大脑以后，仍能正常生活。

这种奇迹似的结果，都是因为**人类在8岁以前大脑的可塑性非常高**，如果有任何一部分的大脑受到伤害，其他健康的大脑部位就会取而代之，取代失去的功能。

**然而这种可塑性在8岁以后就会快速下降**，也就是说，在8岁以后，如果大脑中某个部分受到伤害，几乎不可能由其他部位取代，这种伤害多半就是永久性的了。

## ● 过多的外来刺激可能会造成脑部的封闭

由前面脑部突触剪除和脑部可塑性的研究显示，婴幼儿时期的脑部发展有**"不使用就失去"**的原则（use it or lose it），也就是说，幼年时期脑部的可塑性最大，在这段时间里，外来的刺激对脑部的发展有决定性的影响。

但是本章一开始就问到，越多刺激真的就越好吗？婴幼儿时期是脑部发展的敏感时期，人的大脑在最初的几年中有非常高的可塑性，大脑会非常敏感地察觉到自己的需要，进而逐步划分大脑内各部分的功能。但是当敏感的大脑察觉到过多外来的刺激，超出负荷，就会自动地保护性关闭，不再响应过多的外来刺激。

如果过度的外来刺激继续发生的话，大脑就会渐渐地调整，发展出新的联结，只对少数的外来刺激有所回应。这就是为什么受到过多刺激的婴儿容易哭闹和昏睡；白天参与太过紧密学习活动的孩子，也容易出现负面行为，包括哭闹和夜晚睡不安稳的现象，甚至常常放空不去思考，经常用不想、不要或不知道来响应。

### 跟着大师这么做：

#### 配合婴幼儿的周遭环境，给予大脑适度且适量的刺激

婴幼儿非常需要多方面的刺激，以启动脑部的联结与发展。他们的大脑也有无限的可能性，然而过度的刺激，又会使他们的大脑主动关闭，并拒绝接收外来的信息。父母要怎样做，才能给予婴幼儿适当且适量的刺激？怎样的刺激才对婴幼儿脑部的发展有益处呢？

## ● 在日常生活中提供适当的"可预期经验"，来启动脑部基本功能

葛林（William T. Greenough）指出，经验塑造并影响一个人脑部的发展，生活中有两种与脑部发展息息相关的外在生活经验。一种是脑部"可预期经验"，另一种则是脑部"独特性经验"。

"可预期经验"是指孩子在每日生活中的一些自然的经验，包括孩子的食、衣、住、行，每天与外界的人、事、物的互动等。每个孩子的大脑发展，都仰赖这些基本且平凡的日常活动，而大脑也预期能得到这些外在经验的刺激。

例如，无论是在东方还是西方长大的孩子、住在空旷的乡下或拥挤的都市的孩子，虽然接触的外在环境大不相同，但只要每天能看到东西、碰到东西，也有人能给予他们关注，大脑就能逐步正常发展，发挥基本的功能。换句话说，婴幼儿的大脑并不需要最新式的教学玩具和教学方法，来启动和完成脑部基本功能的发展。只要不被长时间限制在黑暗安静的角落里，能正常地与外界接触，婴幼儿大脑的基本功能就能顺利发展。

所以，婴幼儿有正常稳定的生活作息，平日吃好、睡好，与家人自然关爱的互动是非常重要的。

然而，在今日忙碌的生活步调中，要做到全家人每日有稳定的生活作息，吃好、睡好，并不是一件容易的事。双薪家庭不断增加，导致孩子多半外食，也可能吃不定时。孩子们放学后、甚至周末的时间，充斥着各种各样的课外学习活动和作业，导致无法每日准时上床睡觉，或睡足了再起床。

小婴儿每日必须要有14-16小时的睡眠，而1-3岁的孩子应该要睡12-14小时，3-6岁的孩子也要睡10-12小时，才算足够，也就是说，最理想的情况就是能在晚上九点以前上床。

许多孩子的负面行为都与吃和睡有关系，父母在百般思量如何安排孩子学习

活动、刺激大脑发展的同时，千万不能忽视了应该先花心思在让孩子吃好、睡好这件看似简单的事情上。

不过，像我在大学同学会遇到的那位年轻妈妈说的，怕影响孩子的作息、怕孩子生病而不带他出门，似乎又限制了孩子与外界互动的机会。父母可以根据对自己孩子的了解，在每日稳定的生活作息中加入一些"自然可预期"的活动。例如，每天带孩子到市场和公园走走、逛逛街市，带着孩子去拜访朋友等，都是孩子生活中自然可预期的经验。

然而有些父母认为孩子应该多见世面，会经常带孩子去参加一些成人的大型聚会，这类嘈杂、长时间的活动，就并非是孩子生活中可预期的经验了，反而会让大部分的孩子感到无法承受。

在小宝宝吃好、睡好、精神抖擞的时候，带他到公园，把他放在青草地上，让他光着脚爬一爬、走一走，对孩子来说才是更自然舒适的活动，绝对有助于大脑基本功能的发展。

● **善用"独特性经验"，让大脑充分发挥潜能**

我们不仅希望孩子脑部的基本功能得以发展，更希望孩子的大脑进一步充分发挥潜能，这就与"独特性经验"有关系了。

所谓"独特性经验"，是孩子需要依靠父母和外在环境来特意安排的经验，也是塑造大脑的丰富性、使大脑更进一步发展的原因。在孩子刚吃饱、睡好的时候，最适合加入一些"独特性经验"的活动，例如，选择一本好的图画书念给孩子听，或和孩子一起堆积木和做剪贴。

每个孩子因为不同的兴趣及需要，加上不同的家庭环境，会有非常不一样的"独特性经验"。例如，有的孩子特别喜欢唱儿歌，而他的妈妈平日也很喜欢哼哼唱唱，这个孩子的大脑就会有非常多这方面的刺激。又例如，在双语家庭成长的孩子，妈妈说中文，爸爸说英文，这个孩子的大脑从小就有中英双语的刺激，他的大脑会与一个在单一语言环境下成长的孩子非常不一样。

提供"独特性经验"的第一个原则，是父母应**善加利用自然存在于孩子生活环境中的独特经验**。在美国，有些中国和西班牙裔家庭普遍存在着一种现象，为了让孩子尽快学好纯正的英语，父母会限制甚至禁止自己的孩子讲母语（中文或西班牙语）。

其实8岁以前是语言学习的敏感期，一般孩子有同时学习多种语言的能力，而家庭的母语是婴幼儿最自然的沟通方式。这些孩子在语言学习的黄金时期，经常与父母和亲友以母语互动，自然而然就能学会母语。至于英语，当孩子外出或上美国的幼儿园以后，就会逐步学习的。若父母为求"完美"英文而限制了孩子说写母语的机会，反而是没有好好利用自然存在于孩子生活中的独特经验，失去了学习多种语言的机会。

我有一位朋友，母亲是日本人，父亲日文也非常流利。从小她就听父母以日文对话，然而父母却从不曾用日文与她沟通，她常常觉得可惜。如果当年父母也能利用自己家庭中这种独特的经验与她互动，今日她必定能多说一种语言。

孩子的"独特性经验"是需要精心计划的，父母可以先检视自己家庭的状况，找出自己家庭的独特性，善加利用，使之成为孩子每天生活中可以自然而然发生的经验。

提供"独特性经验"的第二个原则，是**安排开放式的活动**，给予孩子自由发挥的空间，因为**大脑需要有充分的自由去学习大脑愿意学习或想要学习的东西**，强加在孩子身上的学习会适得其反。

正式的教学是从成人的角度进行的单向灌输，实际上并没有给予大脑自由选择的机会。例如，用字卡教三四岁的孩子认识许多字，或抄写许多字；布置许多加减法的练习题，让孩子不断重复地用笔计算。

　　有些父母以为，既然孩子做得到、能抄写，也能算加减法，为什么不督促他们早一点做这些题目，这样学习效果最明显。然而这类完全**由成人主导的学习方式，限制了孩子大脑的自由度，也限制了他们天然的好奇与兴趣，是最不适合早期大脑的学习方式。**

　　父母应该提供丰富的玩具和材料，供孩子自由选择，还要给他们许多自由游戏的时间，进行不受限制的探索。例如，为孩子准备适合年龄的在画架上画画、拼图、扮家家、搭积木、看书和录像带，以及户外的跑跳空间等条件。所有的玩具和材料都要能反映婴幼儿生活中熟悉的人、事、物，提供孩子表达生活中故事的机会。

　　另外，父母也要给孩子与其他成人或孩子一起游戏互动的机会，陪孩子玩、观察他的兴趣取向，再根据他的兴趣提供更多、更有趣、更有创意的相关材料。例如，孩子特别喜欢玩乐高，父母就可以用心地发掘各种各样的操作和拼装类型的桌上玩具，让孩子自由地发挥。

　　提供婴幼儿"独特性经验"的第三个原则是**给孩子如同游戏一般有趣的学习过程**。德国教育家福禄贝尔（Friedrich Frobel）强调，有效的学习必须是身体、思考、情感都能完全投入在"学习"中。对孩子而言，唯一能让他们完全投入学习的方式就是游戏，那绝对是孩子最自然有效的学习方式。

　　全世界的孩子天生都会游戏，不需要任何指导，孩子与他人互动时最自然的一句话就是："你要跟我玩吗？"孩子们之所以热爱游戏，是因为游戏是非结构性的，没有一定的玩法，可以随时开始，也可以随时结束。游戏重视过程而非结果，孩子有完全的自由和主导权，没有封闭式的对与错，这种完全的自由度是早期人类的大脑最可以接受的。

　　既然游戏是孩子最喜欢、最自然的学习方式，何必禁止他们用最自然有效的方式学习呢？如果我们为孩子准备的活动需要他们长时间地坐着听、抄写，或遵循指令，孩子没有了玩的乐趣，学习也就在其中流失了。

艾瑞克森说："玩，对每一个人都有非常独特的意义，发现玩的意义的最好方法，也许就是我们成人自己放松地到外面玩一下，想想童年的游戏，再一次从孩子的视角看游戏。"什么游戏是你童年时最喜欢的？那些游戏对如今的你会毫无意义吗？对你一生中的学习没有帮助吗？当我们把土加水变成了泥巴，做成一个一个大大小小各种形状的饼，把一个泥大饼切成好多块，一块一块地卖给其他小朋友，这就是分数；搜集不同大小的树叶，分类假装成一堆堆的钱，在付钱与找钱之间，我们在学习数学的加减法；在买卖的交易过程中，我们不仅学习了语言，也学习了人际关系。

最重要的是，我们在童年玩游戏时，没有任何压力，那是一种自由自在的玩与学习的状态。我们每天都期待着再和小朋友一起玩，这种想要再做的内在动机，是成人主导的学习活动无法取代的。

### ● 与婴幼儿的互动要同步

前面提到了婴幼儿脑部发展需要适宜的经验，那么怎样才算适量的外来刺激呢？既然太多的外来刺激有可能造成脑部自动封闭，拒绝接收更多外来的信息，那么，父母如何了解孩子所受的外来刺激是否过量呢？

对大一点的孩子，除了观察，父母还可以用言语来沟通；而婴幼儿基本无法用言语进行清楚的表达，父母只能根据孩子行为及情绪上的反应来评估。例如，当你翻阅一本图片鲜明的小书给小宝宝看时，如果观察到他的注意力慢慢无法集中，再继续下去，甚至出现不耐烦、躁动或是哭闹的现象，可能就不适合再继续翻阅下去了。这时，可以带孩子到外面走走，或是如果孩子想睡了，就让孩子休息一下，等适当的时候再回到阅读。

又例如，年轻的父母好不容易有几天的假期可以陪陪孩子，为孩子计划了许多好玩的活动，一家人外出旅行长途跋涉，一个活动接着一个活动。孩子从开始的兴致勃勃，慢慢出现负面的行为和情绪，甚至每晚回到旅馆大哭大闹不肯洗澡、睡不安稳，这些都有可能代表着外来的刺激过量了。其实有计划的旅游行程是必要的，但是带孩子出门，一定要根据孩子的状况进行弹性的调整，很多时候不能完全照着大人的坚持去做。

　　记得母亲曾劝诫我，不要太早让孩子去上学（幼儿园），否则孩子上"皮"了，将来上小学就没有兴趣了。这是一句耐人寻味的话，在我们那个时代，幼儿园的学习几乎都是"排排坐吃果果"，有很多规矩的教导，所有的教学都是结构式的，伴随着长时间的练习和背诵，完全谈不上好玩或自由度。长期在成人主导和制式化学习下的孩子，因为过量的不适宜的外来刺激，他们的大脑有可能会自动封闭，拒绝更多这样的外来信息的输入，最终导致孩子失去对外在事物的好奇，失去学习的动机。

父母想一想

☐ 你对脑部发展的研究结果有什么看法？从你的生活经验中，你认同或反对
　研究的结果吗？为什么？

☐ 你平时会提供你的孩子什么样的活动？这些活动是否适合他的年龄？孩子
　对这些活动有什么样的反应？

☐ 请将你6岁以下的孩子的每日作息做一个分析，看看孩子每日的活动经验
　如何？活动是否过量，或太过紧密，有无调整的必要？

☐ 你在小时候都喜欢玩什么游戏？回想一个你最常玩的游戏，仔细分析，在
　此游戏中你在语文、数学、科学、肢体动作发展、人际关系等方面，是否
　有所学习？

☐ 在你们的家庭中，有什么独特的经验（语言、文化、艺术等）是可以促进
　孩子脑部发展的？

第四章

"玩"与"学"之间，大有学问

孩子不合逻辑的想法以及游戏方式，常让父母担心：孩子这么想，那样玩，到底对不对？一天到晚玩，学习进度会不会跟不上？其实，7岁以前孩子的思考不合逻辑是正常的，到了一定年纪，他们思考事情的方式就会发生改变，逐渐成熟。"玩"是孩子最自然、最有效的学习方式，父母应该将重点放在了解孩子上，相信孩子是主动的学习者，允许他们根据自己的兴趣，按照自己的方式与步调成长，不需要对他们操之过急。

在一次面对家长的讲座中，我遇到一位父亲——志捷，和我谈到他对"玩中学"的困惑。

他的女儿在一所非常知名的幼儿园读大班。这间幼儿园的设备不错，老师也很和气，但是女儿每天玩得脏兮兮地回家，问她学了些什么，她也说不大出来，只是告诉爸爸学校里有很多有趣的活动，她玩得很高兴。

志捷有时候送她去幼儿园也会在旁边陪陪她，发现她真的除了玩，什么也没有学。志捷心里想，"她每天就这么玩，不学写字，也不学算数，将来上小学，能跟得上吗？"然而太太却认为这所幼儿园的观念新颖，坚持让女儿读这所幼儿园，志捷真不知道它好在哪里！

## 理论这么说：

### "玩"是孩子最自然有效的学习方式

很多父母都不理解孩子如何能从玩中学。"玩"谁不会啊？还要学吗？幼儿教育的相关理论非常多，不同的理论家及教育家虽然各有独特的想法与论点，却都认同"玩"是孩子最自然、最有效的学习方式。

到底孩子是怎么学习的呢？对孩子来说，玩与学之间有什么关系呢？要回答这些问题，先要谈谈认知理论大师皮亚杰（Jean Piaget）的研究。这些研究可以帮助我们了解孩子在不同年龄阶段的思考过程的变化，以及孩子是如何习得知识的。

## ● 皮亚杰的四个认知发展阶段：不同年龄的孩子，思考方式大不同

所谓"认知"就是孩子的思考过程，包括了孩子的想象力、创造力、数学概念、语言表达及解决问题的能力等，所有需要思考的，都可以说是认知发展的一部分。

皮亚杰认为，孩子的认知发展会依序经过四个明确的发展阶段，在每个不同的年龄层，都有独特的思考模式，也就是说幼年时期的思考方式和过程，与小学生、青少年是非常不一样的，和成人更是相去甚远。

既然孩子的思考模式与成人的不一样，他们看事情的角度或吸收信息的方式也就有别于成人，学习方式也和成人非常不同。让我们一步步来分析孩子从出生到青少年期的思考方式与学习方式的变化，对孩子成年以前的认知发展有一些概括性的了解。

### 1. 感知运动阶段（0-2岁）

孩子从出生到2岁这个阶段，主要是借着听觉、视觉、嗅觉、味觉及触觉五种感官来学习。一般而言，婴儿与学步儿对世界充满了好奇，他们的学习是主动的。靠着肢体与环境中的人、事、物直接互动，他们对身边的人、事、物有了**具体的**了解。

要一个一岁半的学步儿知道什么是花，不妨带他去花园里逛一逛，让他看见不同种类花的形状与颜色；闻一闻各种花的香味；触摸一下花瓣叶片的相异质感；甚至于尝尝不同花的独特味道。在集结了许多的感官经验后，孩子才能具体地学习到什么是花，并进一步了解玫瑰花与茉莉花有什么不同。

有些人会拿出许多设计精美、颜色鲜艳、各种花朵的图片，一张一张指给孩子看，教他们逐一念出花的名称，要孩子看清楚并记住。这种单向被动的学习方式，对

好奇、好动的学步儿是行不通的，因为他们需要顺着自己的好奇心，充分地用感官去"经验"各种各样的花，在累积了丰富的感官经验后，才能完全地了解花是什么。

更何况，有哪个学步儿不喜欢在漂亮的花园里自由地玩耍，当他们跑来跑去、摸东摸西、玩这玩那的同时，他们就是在累积自己的感官经验，进而用最自然的方式增加知识和学习。

### 2. 前运算阶段（2-7岁）

孩子在2-7岁这段时期，思考过程最明显的改变是他们能做到**"象征性的思考"**，可以在脑里面呈现不在眼前的人、事、物。孩子常常用假装和扮演的方式呈现自己生活中熟悉的人、事、物，例如，假装自己是妈妈、老师、医生等。这些人、事、物很多时候并不在孩子的眼前，但孩子可以将自己原有的对人、事、物的感官经验，用象征性的方式表现出来，例如，说出来、画出来或扮演出来。

皮亚杰认为孩子到2岁左右，就会自然而然地做象征性的思考，能力还会逐年增加，发展至完全成熟。例如，2岁的孩子会拿起一个玩具电话假装和妈妈说话；3岁的孩子能把一块积木或铅笔当作电话和妈妈聊起天来；4岁的孩子不仅可以自己扮演，还可以和其他的孩子一起扮演，"你当爸爸，我是妈妈，他是小狗，小狗不见了，我们去找小狗"。在合作扮演的过程中，孩子不仅要了解自己的角色，还必须要了解别人的角色，这样才能"玩"得好。

如果父母用心观察，应该不难发现2-7岁左右的孩子喜欢扮演，这在他们的生活中随时随地可见。这种象征性思考的能力是孩子建构知识的方法。例如，妈妈是什么？在教室中，孩子的妈妈们都不在眼前，但你会看到有的孩子忙着扮演煮菜、洗衣服、大声叫骂的妈妈；有的孩子扮演忙着上班、打计算机、买外卖的妈妈。每个孩子感官经验中的妈妈都不一样，当他们一起扮演的时候，会逐步调整自己对"妈妈"的认识和了解。让孩子自然地扮演，有助于促进象征性思考能力的发展，自然也为而后的学习奠定了稳固的基础。

在2-7岁这个阶段，孩子的心灵世界开始扩大，他们能用一些"象征性符号"来代表心中的意念和生活中的人、事、物，最常见的就是孩子会用涂鸦或画图，来代表人、房子、太阳、车子等。例如，一个2岁的孩子手握一支大的红色蜡笔，在白纸上跳着画出一个一个红点，嘴里还念着："兔子跳！兔子跳！"这几个红点是象征性的符号，可能代表着他内心世界中，一只兔子（也可能很多只）正在草地上跳来跳去的情景。

能用小小的符号，来表达内心世界中的人、事、物，是象征性的思考能力，这种能力在人类的学习过程中是很重要的。试想，写作就是用文字（符号）来表达心中的意念及想法，而数学也是用数字和其他符号来代表宇宙中和生活中事物的大小、体积和量等。能够把这些小小的文字、数字及符号，与自己对世界无限的思考和了解，做清楚完整的联结，是孩子后续进行正式学习并获得成功所必需的。也可以说一个在幼年时期有许多机会扮演并玩扮演很成功的孩子，将来在语文及数学上的学习，也会有好的表现。

皮亚杰又指出，前运算阶段的孩子的思想还很简单，尚不能对周围的人、事、物做全面性的思考，因而他们的想法常常是不符合逻辑的。

皮亚杰用了许多实验来证明2-7岁孩子的不合逻辑的思考方式。例如，在**图**4-1的液体实验中，将两个一样大小的玻璃杯放在孩子的面前，再将两个杯

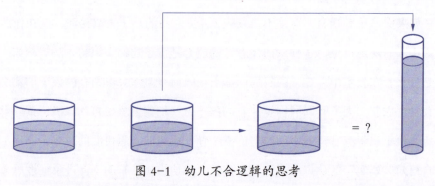

图 4-1　幼儿不合逻辑的思考

子都倒满果汁,问孩子两杯果汁是否一样多?孩子会说一样多。接着,再将其中一杯果汁倒入旁边一个较细长且高的玻璃杯中,再问孩子两杯是否一样多?孩子会立即回答不一样多,高杯子里的果汁比较多,因为它比较高或比较长。

这个实验证明了2-7岁孩子看事情的角度,着重在当下看到的某一个表面现象,例如,杯子比较高。孩子不能全面性地考虑到高杯子虽然高但细长,矮杯子却比较宽等其他因素,他们也不能在心中回想倒入高杯子里的果汁,原本就是矮杯子里的,果汁的量并没有改变。

思考只专注在某一个点上,而不能全面地考虑所有的因素,是2-7岁前运算阶段孩子思考上的限制,这导致他们很多的想法是不合逻辑的。

正因为孩子有这样不合逻辑的思考方式,如果我们仔细想想就不难发现,孩子对许多问题的答案都和成人的想法有很大的出入,一些好笑的童言童语也是这样产生的。妈妈指着结婚时的照片给4岁的儿子看,说:"这是爸爸妈妈结婚的时候在饭店里请客的照片。"儿子问:"妈妈,你为什么没有带我去?"妈妈微笑地对儿子说:"你快要6岁生日了。"儿子回答:"什么时候啊?"妈妈回答:"3月20日。"儿子回答:"为什么和去年一样呢?"

### 3. 具体运算阶段(7-11岁)

7-11岁正好是小学阶段,孩子进入学校正式学习,也进入皮亚杰所谓的具体运算阶段,**孩子的思考模式不再像前运算阶段那样不合逻辑了**。例如,前页的液体实验中,一个10岁的孩子会立刻说果汁的量是相同的,而且能提出非常合逻辑的解释,也就是一个杯子细长而高,一个杯子虽矮但宽大得多。皮亚杰相信,小学生合逻辑的思考,是随着年龄的增长而逐渐成熟的,换言之,7岁以前的孩子思考时不合逻辑是因为年龄的关系,到了一定的年纪,孩子思考事情的方式就会发生改变并逐渐成熟。然而小学生的思考也有某种程度上的限制,他们所有合乎逻辑的思考必须是与具体生活经验相联结的，在大部分的情况下，无法超脱对现实的了解，作出"抽象性的思考"。例如，你问孩子一个问题"老鼠比狼狗大，狼狗比大象大，那老鼠是比大象大，还是比大象小呢？"正确的答案是"老鼠比大象大"。然而，大多数处于具体运算阶段的孩子会答不上来，也可能会说"大象比老鼠大"。因为在他们现实的生活中，老鼠是绝对不可能比大象大的。

小学生的思考及学习必须以他们实际生活中对人、事、物的了解为基础，因而以皮亚杰理论为根基的教学，非常强调孩子从做中学和在实际生活上的应用。

### 4. 形式运算阶段（11岁以上）

孩子到了11岁左右就进入了皮亚杰所谓的形式运算阶段，青少年的思考过程不再受限于现实生活中的具体经验，他们也可以很自然地回答前面"老鼠比大象大"的问题，因为在这个阶段的青少年已经能够做到**抽象性的思考**。

抽象性的思考使成熟的青少年可以预想和计划许多未来尚未发生的事，例如，一个17岁的孩子可能知道自己将来要当一个工程师，而且是计算机设计工程师，为了要达成这个目标，他设定了一步步求学的计划。然而，当你问一个8岁的小学生将来要做什么，他可能会说要当救火员，却无法回答为什么及如何达成这个目标。形式运算阶段的青少年可以将抽象思考的能力表现在生活的各个层面上，如果你问一个17岁的青少年"什么是爱"，他可能会说"牺牲、奉献、责任是爱"；然而一个小学生可能会说"爱是亲亲或拥抱"，"爱是爸爸买很多玩具给我"。

在我们那一代，许多父母在孩子小的时候，常谈到自己当年读书是多么辛苦、多么不容易的一件事，想借此激励幸运的我们要珍惜美好的读书环境，好好用功。但年纪尚小，无法作抽象性思考的孩子们，多半像是在听一个与自己完全无关的故事，并不会有太大的激励效果。

### ● 孩子经由不断同化和顺应的调适过程来建构知识

皮亚杰相信所有的孩子都是主动的学习者，人类与生俱来就有心灵的学习机制，称作"图式"（scheme）。当人与外界的人、事、物互动的时候，图式就发生变化开始思考，并承装对这个世界的了解，皮亚杰将这个互动学习的过程称为"调适"。

调适的过程主要有"同化"和"顺应"两部分，在学习的过程中，人首先会做同化，当同化行不通的时候就做顺应。例如，一个2岁的孩子家中有一只狗，他常和这只狗玩，看到狗的样子——毛茸茸、四条腿、跑跑跳跳，还听到狗的叫声、闻到狗的气味、摸到狗的身体等，所有这些让他的思考中开始有"狗"的**图式**。有一天，妈妈带他散步，路上看见一只猫，他指着猫高兴地大叫："狗狗！狗狗！"妈妈蹲下来，握着他的小手摇摇头说："这不是狗，这是猫。"当孩子大叫"狗狗"的时候，他平衡过程中**同化**的工作正在进行，用"狗"的旧经验同化"猫"的新经验；然而，当妈妈说"不是"的时候，他知道同化行不通，就自然而然进入**顺应**的过程。

顺应过程一开始，孩子心中会产生冲突："为什么不是狗狗呢？它也是毛茸茸的、四条腿的呀？"接着他和猫玩了起来，开始顺应他的思考：听到猫的叫声、闻到猫的气味、摸摸猫的身体、看看猫走路的样子，了解猫与狗的不同，慢慢地建构了"猫"的**图式**，也就是对猫的了解。所以下一次他和妈妈散步的时候，他会指着猫高兴地大叫："猫咪！"因为他已经有了"猫"的图式，可以同化这个经验。

孩子的学习就是在不断地同化和顺应之间互动转换的调适过程，当孩子不能同化某一个经验的时候，内心便产生不平衡的冲突感；当困惑和冲突的感觉发生，孩子的图式就会调整改变，进入顺应的阶段。等到孩子对新事物有了足够的感官经验以后，他又能进入同化的阶段，这种一来一往持续的过程，就是孩子建构知识的基本方法，这是孩子主动的学习过程，不需要强加，会自然而然地发生。

跟着大师这么做：

## 为孩子营造"做中学"的生活环境

从出生到7岁左右的婴幼儿期，是皮亚杰四个认知发展阶段最前面的两个阶段——感知运动阶段和前运算阶段。这两个阶段的婴幼儿思考方式仍然不合逻辑，需要累积大量的感官经验，并以此为基础，借由具体的实际操作和与环境的互动，建构对周遭的人、事、物的了解。

这是一个循序渐进的过程，当孩子达到了一定的年龄及成熟度，自然就有了进一步的思考能力。此时父母的重点是要了解并相信**孩子充满好奇，是主动的学习者，允许他们根据自己的兴趣，按照自己的步调来学习。**

### ● 让孩子从"做中学"，累积丰富的感官经验

研究都支持一个论点"懂得越多，学得越快"，我们的旧经验和知识是学习新知的基础。孩子的经验很有限，他们的图式里面是空的，所以帮助他们增加丰富的感官经验，是进一步学习知识所必需的。然而孩子的思考又和成人不同，他们的思考方式简单，很多时候也不合逻辑，用教导成人的方式，或用成人认为合逻辑的方式来教导孩子多半行不通。

传统的成人主导方式，例如，告诉孩子所有的答案、结构式地向他们输入许多知识，并不能让孩子真正地吸收学习，因为他们只能被动地听，无法动手做。

孩子了解世界、累积知识最有效的方式，就是用肢体亲自操作，用五种感官与外界直接互动。例如，教孩子认读英文字母ABC，与其指给孩子看，要孩子一个一个地念过再抄写，倒不如给孩子水彩颜料，让他们用英文字母ABC的字形海绵沾满颜料，然后自由地印在大张的图画纸上。为孩子准备英文字母ABC的拼

图，也是另一个让孩子从做中学的好方法。孩子在印画和操作英文字母拼图的同时，会自然地分辨这些字形的不同，在不断的重复操作中主动练习，在适当的时候就都学会了。

再举一个做中学的例子。四五岁的孩子都喜欢和爸爸妈妈一起做点心，和孩子一同烤蛋糕是一个非常有趣的感官活动。

孩子可以用手接触到每种原料不同的质感，面粉捧起来松松干干的、油摸起来黏黏滑滑的、糖是一小颗一小颗硬硬的。把所有原料拌在一起变成面团，又是一种全新的触感。最后冷冷的面团又变成了热腾腾、松软的蛋糕。

每种原料尝起来的味道也截然不同，面团与烤热的蛋糕尝起来有什么不一样？这是一个神奇的味觉体验。每种原料都有各自独立的气味，但一旦拌在一起，最初闻起来的气味和烤熟了以后的香味，会一步步发生改变，变成一次独特的嗅觉体验。从干干的原料，变成稀稀黏黏的面团，在烤箱中慢慢膨胀，由奶白色变成金黄色，这又是令人惊奇的视觉体验。

这样简单的烤食活动，不仅给了孩子极为丰富又具体的感官经验，更让他们在快乐操作的同时，学习到语言和数学，训练了肢体的动作，还做到了合作学习。孩子在爸爸妈妈的帮助下一起看烤蛋糕的食谱，这是语言的学习；孩子使用量器，一大匙、一小匙、两大杯地加入面粉和水，这是数学的学习；孩子把所有原料搅拌在一起，或倒来倒去的时候，会动用到许多小肌肉；孩子在和爸爸妈妈一起完成的过程中，懂得了轮流和等待，这是社会化学习的机会。

玩中学、做中学，永远是备受理论支持、对孩子最自然有效的学习方式，当孩子累积了丰富的感官经验以后，各方面的学习都将加速。

## ● 给孩子主动建构知识的机会与时间

孩子建构知识是一个持续不停止的过程，只要与外在的人、事、物有互动的机会，他们就会不断地在"同化"与"顺应"之间，重复地做调适，这是一个主动且自然的学习过程。当提到孩子的特质时，大家多半会说："小孩子都是充满好奇的！"但是很多父母，又不那么相信孩子的好奇心能驱使他们主动地进行探索与学习，因此有些父母和老师总要主导孩子的学习，单向地输入许多知识。

大人要明白，孩子建构知识是需要时间的，有时候还可能需要相当长的一段时间，"同化"与"顺应"之间，常常需要来回重复地调适，父母应该多花时间观察孩子，允许他们**按照自己的速度来学习**。

## 1. 重复的必要

其实孩子是非常喜欢"重复"的，陪着许多小宝宝一同成长的"天线宝宝"电视节目，就是一个好例子。在节目中，四个天线宝宝做的许多动作、说的许多话，都是重复的，而且每个天线宝宝还会各做一遍。例如在节目最后，四个天线宝宝一定会躲起来，再一个一个慢慢地露出来和大家说"Bye-Bye！""Bye-Bye！""Bye-Bye！""Bye-Bye！"如果父母们仔细观察，一定会看到孩子带着无比开心的笑脸，专注地盯着电视上的天线宝宝们，一点也不嫌电视节目重复了太多。

"重复"可以说是孩子重要的学习方式之一，所以下一次当孩子把你为他读过50遍的图画书，再一次拿到你面前时，请你开心、耐心地再为他读一遍吧！

## 2. 为孩子提供适龄的玩具和活动

孩子建构知识是一个自然且主动的过程，但有时也会出现不主动学习的现象，这多半是因为活动本身不符合他们的兴趣与需要，孩子觉得太无趣、太难又或者太简单了。所以为孩子安排的学习活动不仅要好玩，让他们有实践的机会，更要符合他们的年龄。

举例来说，孩子都喜欢拼图，但是多少片的拼图适合几岁的孩子？太多或太少、太困难或太容易，都会影响孩子的学习效果。一般而言，我们不会给一个2岁的孩子15片的拼图，太难了，他会因为无法独自完成而失去耐性；也不会给他两三片的拼图，因为太简单，孩子或许在完成一两次时还蛮高兴的，但很快就会失去兴趣。

选择适龄的玩具或活动是重要的，但是父母们多半不是幼教专家，有时很难拿捏何谓适合年龄的玩具或活动。大部分有质量的玩具都会标明适用年龄，也可以向专业的幼儿园老师请教，然而在完全不确定的情况下，倒是有一个可以把握的原则——**多为孩子提供开放性（open）的玩具和活动。**

**所谓开放性的玩具和活动，就是没有绝对的对与错。**当孩子玩沙、玩水、堆积木或扮家家的时候，没有特定的做法与玩法，每一个活动都有多方面的学习，但没有玩得对或玩得不对这样的标准存在。孩子可以在操作中按照自己的方式和速度自由发挥、循序渐进。

例如，玩沙是一个开放性的活动。孩子用大量的沙堆砌城堡的同时，不仅能看到沙、摸到沙的质感，还能用手掂出沙的重量。用多用少之间，如何拿捏才能堆出一座城堡？何为平面？何为立体？干的沙很难堆出心中想要的形状，老师在旁边建议："要不要加点水看看？"孩子兴高采烈地提了一大桶水，下一步就是如何拿捏沙与水之间的比例，发现并了解"干与湿"为沙子带来的变化。

## 3. 给孩子时间完成

大部分家长的心中可能都有一个问题"我如何才能帮助孩子快一点进入更高程度的认知思考？"皮亚杰却非常强调，让孩子按照自己的时间与步调来学习，欲速则不达。

　　孩子的学习绝对不能只是被动地接受指令，他们要借由自己的发现，在所发现的事上反省，并和其他人不断地讨论。当孩子主动并自己寻求解答的时候，学习效果才是最好的。

　　例如，一岁到一岁半左右的孩子，只要有机会拿起笔，一定是到处涂鸦，给他纸，他就是不画在纸上，反而在墙壁上、沙发上、窗帘上到处挥洒。到处涂鸦是一岁到一岁半左右的孩子书写表达、与外界沟通的方式。研究显示，这个年纪的孩子尚不能在限定的范围内涂鸦，如果父母强行规定孩子规规矩矩地画在纸上，孩子会因为尚不成熟，无法做到，而常常被责骂，久而久之，可能就不会主动并高兴地涂鸦了。

　　涂鸦可以说是孩子最初的书写，当孩子刚要开始用写的方式来沟通，就受到责骂或限制，他还会快乐勇敢地去画、去写吗？所以在这个年纪，父母一定要多买各式各样的彩笔，鼓励孩子自由发挥，但一定要买水溶性的彩笔，比较容易冲洗或擦拭掉。

　　有些父母会为了孩子能超龄做些事情而沾沾自喜，例如，2岁能将百家姓背全，3岁能算乘法与除法。中国人有一句话"小时了了"，在孩子未达到一定的年龄与成熟度时，太多的学习压力、过度地加速认知方面的练习，反而会让孩子由先天的好奇与主动，变为封闭与被动。一个孩子若没有了学习的兴趣和动机，对其一生的发展将大有影响，因此父母对这个的态度就非常重要。

**父母想一想**

☐ 你是否发现孩子的思考方式与成人非常不同？请试想一下各种情况，举出几个例子。

☐ 你是否真的相信，孩子充满好奇，是个主动的学习者？请举出几个例子。

☐ 你觉得婴幼儿最有效的学习方式是动手做，还是成人告知他们许多知识和答案呢？

☐ 你在与孩子互动时，倾向于提供什么样的学习活动？这些活动比较倾向由成人主导，还是让孩子有主动发现的机会？

☐ 请试想一个孩子最有兴趣的学习活动，并分析孩子喜欢这项活动的原因。

# 第五章
## 你从什么样的角度看孩子的智能？

你认为你的孩子聪明吗？你知道自己的孩子有什么特别的兴趣吗？他哪方面的表现比较突出呢？所谓"聪明"的定义，并不限于智商（IQ）高低。人的智能其实十分多元，且各有程度上的差异，父母需要充分了解孩子的智能表现，鼓励孩子发挥强项智能并进一步带动他的弱项智能。

我的邻居戴维提到他的一对儿女时说："我的女儿非常乖，也很用功，但就是读不好书。说实在的，她会乖乖地补习，回家也做很多数学参考书的练习题，可数学就是不行。我发觉她的脑筋转不过来，可以说是有点笨，也就不逼她了。她画画功力还不错，经常得奖，书法也写得很工整，女孩子嘛！画画写写也不错。我的儿子就不一样了，脑筋转得快，数学和国文都不错，但聪明归聪明，就是不认真、不用心，否则成绩一定更好。"

## 理论这么说：

## 每个人都有八种基本智能，且各有程度上的差异

何谓聪明？当有人问你："你怎么知道这个孩子很聪明？"在亚洲文化里最常见的回答是："这个孩子功课很好。"另一个更常见的回答是："这个孩子的反应很快。"

研究显示，在校成绩好的孩子的智商（IQ）都蛮高的，但问题是，成绩平平的孩子的智商就低吗？反应快、能举一反三的孩子的智商一定不低，但反应慢一点，却很会背诵和记忆的孩子就不聪明吗？

其实，世界各国的教育说是五育并重，但多半都更重视课业上的表现，尤其

是语文与数学。例如，美国的大学入学申请非常重要的考试——SAT和ACT，都着重语文与数学两方面的测试。戴维显然也认为自己孩子在画图和美术上的表现优异，并不能算是高智能，只有数学和语文等学科好才算是聪明。

长久以来，众多的专家学者也不断争论，智能（Intelligence）是否是一个单一的、广泛的能力，或者是一组多样性、不同方面的能力，也就是不止一种而是多种智能？例如，传统的智商测验只用单一的分数来表现一个人的总体智能，这似乎也在说明智能是一个单一的能力。

### ● 多元智能理论

哈佛大学教授加德纳（Howard Gardner）在他的**"多元智能"**理论中指出，一般人与生俱来**至**少有八种不同的基本智能。他的研究还在继续，目前研究结果已有十多种智能，每一个人在这八种基本智能上都各有程度上的差异。例如，有的人语言智能很高，但逻辑/数学智能偏低，或自然智能中等。戴维因为女儿在逻辑/数学方面的智能偏低，认定她不够聪明，即使他的女儿在视觉艺术方面的智能高。戴维的这种判定是否会太过主观了呢？

接下来进一步说明每个人都有的八种基本智能，父母也可以审视自己的孩子在每一种智能上的表现，思考一下孩子的强项智能与弱项智能。

### 1. 音乐智能

指运用音乐来思考和表达的能力。音乐智能高的人喜欢并了解音乐，对声音敏锐，能够听到音乐中的变化模式，他们的音准及节奏感都很强。喜欢哼唱、弹奏乐器、随着音乐摆动身体，也能轻易地记住旋律和编曲。

音乐智能高的人适合从事运用各种音乐元素的工作，例如音乐老师和音乐家。

### 2. 肢体动觉智能

指运用肢体感觉来搜集信息、解决问题和完成事情的能力。对于肢体动觉智能高的人而言，动手做是最好的学习方法。他们能很好地协调控制肢体动作，运动能力很强，例如，体能游戏或竞赛；并且善于用肢体动作来表达情感，例如，戏剧和舞蹈。

肢体动觉智能高的人适合从事经常要动的工作，例如，运动员、演员和舞蹈家。

### 3. 逻辑/数学智能

指逻辑思考的能力。逻辑/数学智能高的人常常用有条理、合乎逻辑的方式来思考，包括了解事物的相关性、格局模式，以及一个系统中的原则等。他们能轻松地将具体的事物移入抽象的思考，能组织自己的想法，并有系统地解决问题。喜欢拼图和计算机游戏，喜欢提问，喜欢探索数字、图案形式和序列的工作。

逻辑/数学智能高的人常有"啊哈时刻"，也就是对事物的骤然领悟。他们适合从事和科学、数学相关的工作，例如，工程师、银行家或数学家。

### 4. 语言智能

指运用语言表达想法的能力。语言智能高的人具有高度发达的听觉能力，听和说是最好的学习方法。他们对文字和语言的发音、结构和意思特别敏感；懂得许多词汇，很会拼字，也很会说故事。他们喜欢语言中的音律，喜欢玩文字游戏、讲笑话、猜谜语。

语言智能高的人适合从事需要经常说话的工作，例如，教师、作家、演说家以及律师。

### 5. 视觉/空间智能

指能在内心空间里了解并呈现这个世界的能力。导航、绘画、制图、雕塑、使用地图或借着图画来建构具体的事物等，都需要视觉/空间智能来完成。视觉/空间智能高的人常用三度空间思考，喜欢录像带和照片，观看图解和影片是他们最好的学习方法。他们喜欢建构、画图、设计和创造东西；喜欢数学中的几何、各种不同的形式、地图和图表。

视觉/空间智能高的人适合从事艺术、建筑和工程方面的工作。

### 6. 人际关系智能

指能够观察及理解其他人的能力。人际关系智能高的人善于与人相处，了解他人的感受，也喜欢和许多人在一起。对他们而言，在团体中交流与分享是最好的学习方法。

具有这种智能的孩子常是在幼儿园中玩得好的孩子，在加入其他孩子的游戏之前，能注意到其他孩子是怎么玩的。有些孩子似乎天生是领袖，能注意到人与人之间是不同的，也能留心他人的心情、天生本质、动机及意图。

人际关系智能高的人适合从事要经常与人互动的工作，例如，咨商师和销售人员。

### 7. 内省智能

能够了解自己的能力。内省智能高的人能知道自己是谁，能了解自己内在不同层面的感受及情绪，更清楚自己的行为反应，独立研究是他们最好的学习方式。

有些孩子似乎天生就知道自己能做什么及不能做什么，这样的孩子也知道何时可以寻求帮助。他们善于分析事情与思考，常能自我批判和反省，知道自己的强项与弱点。

内省智能高的人适合从事心理分析和研究方面的工作,例如,哲学家和心理学家。

## 8. 自然智能

拥有分辨生物(植物和动物)的能力和对自然界(天气和土石结构等)的敏感度。自然智能高的人了解自然并善于分类,对不同形式和种类特别敏锐,会注意到事物的多种特质。他们喜欢户外活动和园艺,也喜欢饲养动物,喜欢去动物园和水族馆这些可以研究自然世界的地方。

自然智能高的人最喜欢在自然的环境下学习,适合从事涉及自然领域方面的工作,例如,护林人员、采集者、农人和植物学家。

### 跟着大师这么做:

### 鼓励孩子发挥强项智能,进一步联结发展弱项智能

多元智能理论告诉我们,每个孩子与生俱来独特的智能光谱,在八种不同的智能中,有的智能领域高,有的智能领域低,孩子因此使用不同的方式学习和运用知识。

加德纳更认为,所谓**"智能"是解决问题和创造事物的能力**,也就是说每个人在八种不同智能上,解决问题和创造事物的能力都有程度上的差别。例如,逻辑/数学智能高的人,能轻松地解决复杂的数学问题,更可以合乎逻辑地创造事物。而语言智能较低的人,在解决语言相关问题上会有困难,更不容易在语言的相关事物上创新。

加德纳相信,**几乎没有人天生就在这八种基本智能上都具有高度能力,一定有高有低**,然而,这八种天生的智能并非一生都不会改变。借由后天适宜的教育机会和环境刺激,孩子在各个领域的智能都有望得到提升。父母该如何帮助孩子

在这八种智能上都能有所提升呢?

### ● 找出智能强项，鼓励孩子发挥

首先，父母要提醒自己不可以过于重视某些特定智能领域，譬如，特别重视数学和语文，轻视孩子其他高智能的领域。

有一位婆婆因为外孙太喜欢玩火车，非常忧心，她说："他都已经4岁多了，自己的名字还写得歪歪扭扭的! 每天只知道玩火车，玩到连饭都忘了吃，其他什么都不认真学，我把他的火车都收起来了，不给他玩!"

很明显的，这个孩子可能对电机方面特别有兴趣，在操作火车的同时，他可能正在发挥逻辑/数学智能，或是在发挥视觉/空间的智能，这两方面可能都是他的智能强项。但是婆婆因为爱孙心切，怕他学不会写字，将来上小学跟不上别人，反而禁止孩子用他最有能力又最喜欢的方式来学习，这样做可能会压抑孩子的学习兴趣，并造成学习上的误导。

每个孩子都会喜欢用自己最自然、最能够了解的，也就是自己的强项智能来学习，因为在他的强项智能里最能够解决问题，也最能够创造新的事物，他会因此得到很大的成就感。所以**在帮助孩子发展所有智能领域之前，父母应该先找出孩子的强项在哪里，尽量助其发挥**。

学习是一辈子的事，让孩子在最初的学习阶段就能充分享受乐趣，并有信心完成自己所有的想法，是孩子后续能持续主动学习的关键。

另有一位父亲，他的儿子也特别喜欢玩火车。因为孩子喜欢，他就买了各式各样的玩具火车跟儿子一起玩，一起学习不同火车的名称，一起拼装模型，一起组合轨道，一起学习火车的历史。他们拜访过无数的火车博物馆，某一年夏天，他甚至带儿子到日本，把全日本的高速火车线都坐了一遍。

两个同样喜欢玩火车的孩子，成人却有非常不一样的对待。这位父亲因为知道这是儿子学习的强项，所以他愿意尊重他，并支持儿子用他最轻松、最喜欢，也最容易了解的方式来学习，对孩子的智能发展绝对大有帮助。

那么，如何才能知道孩子的智能强项到底在哪里？

要发现孩子的兴趣与天分真的不难，孩子的心思单纯，当父母发现孩子在某一类活动上花了最多的时间，最专心，也最高兴喜欢，八九不离十，那应该就是他高智能的领域。

例如，一个孩子每天都在读图画书，喜欢听故事，故事听了许多遍也不厌烦，还会扮演故事中的角色，每天滔滔不绝地跟别人讲话、讨论，这个孩子在语言智能方面一定非常高。

若有一个孩子，天天都用积木、乐高，或各种不同操作性的玩具，来建构三维空间的东西，到了户外，也会用沙、水、树枝等不同的素材来建构三维空间的城堡、火车、山洞等，很明显，他的视觉/空间智能应该非常高。

如果有一个孩子，喜欢照顾小动物，看到小动物就要抱抱亲亲舍不得放下，花许多时间观察小动物，观察它们有什么相同、有什么不同，这个孩子在自然智能上绝对不会太低。

当孩子花很多时间**主动**去做一件事的时候，我们应该相信这是他最有成就、也最自然的学习，这非常可能就是他的智能强项。父母一旦发现，就应该把握机会，多在一旁观察孩子是如何进行这类活动、如何创造不同的玩法、如何解决问题。

根据孩子活动的发展，父母可以提供更丰富的材料和相关的学习机会，帮助孩子在强项领域中有更深入的学习。正如之前提到的那位父亲，为了更丰富孩子在强项领域上的经验，甚至带着儿子完成了日本高速火车线之旅。

本章最后附有一份"多元智能量表"，为了帮助父母们更精确地分辨孩子的多元智能，你可以利用量表来进一步了解孩子的智能强项与弱项。

### ● 帮助孩子用自己的强项智能，来联结发展弱项智能

在找出了孩子的高智能领域，并帮助孩子发挥高智能领域的同时，父母又该如何启发孩子的弱项智能呢？

我们已经知道，当孩子某一个领域的智能特别高，他对这个领域就特别有兴趣，也特别容易了解。弱项智能领域的表现则是完全相反，孩子表现的兴趣不高，也尽量避免参与相关的活动。父母可以将孩子的高智能领域作为根基，来连接他比较没有兴趣或比较不容易理解的弱项智能领域，以此增进孩子对弱项智能领域的学习意愿和了解动机，一旦孩子参与弱项领域进行学习的机会增加了，自然就会进一步发展。

例如，以视觉/空间智能来连接语言智能方面的发展。一个视觉/空间智能非常好的孩子，常常会花很多的时间来建构，并用各种操作性玩具组合出许多创意十足的作品。但是这个孩子如果语言智能特别低，不喜欢表达书写，每天只是不断建构，父母当然需要加以引导。

父母可以鼓励孩子，把他自己认为最有成就的作品介绍给大家，孩子一定会因为自己能够盖出这么雄伟的城堡、这么漂亮的高速公路而感到自豪。父母还可以根据他建构的作品，以许多开放性的问题，引导他把自己的想法表达出来。例如，这个城堡是怎么盖出来的？在这个城市或城堡里面，住着什么样的人？里面有什么建筑？这个高速公路从哪里来？往哪里去？虽然语言是孩子的弱项，对他来说，解说想法并不是一件容易的事，但是为了把自己最有成就的一方面与他人分享，就可能激励孩子尝试着述说与表达。

父母也可以把孩子建构的东西拍下来，或用书写的方式记录他的想法，一字不漏地把他对建构的说明写下来，贴在作品上，让孩子知道除了建构以外，语言和书写也是另一种表达的方式，因为有把自己高智能领域的成就（视觉/空间智

能）与他人分享的动机，这个孩子便有了练习弱项智能领域（语言智能）的机会，经由不断地练习，他的语言智能得以逐渐提升。

还有一个利用肢体／动觉智能来连接逻辑／数学或视觉／空间智能方面学习的例子。有一个孩子能够灵活运用肢体，把心中的想法和意念表达得非常透彻，例如，要他用肢体表演一条蛇的动作，他可以表演得惟妙惟肖，更可以用肢体创造出各种不同的动作来表达"蛇"的感觉；可是另一方面，他对逻辑／数学就不容易理解，对视觉／空间的概念也搞不清楚。

父母既然知道孩子喜欢用肢体来表达，便可以鼓励他用肢体／动觉智能来连接其他弱项智能领域的学习。例如，在律动课中，让所有的孩子扮演小汽车，这个孩子一定可以用自己的身体把小汽车表现得非常好，因为这是他的强项；再插放一首"开汽车"的音乐，他会很喜欢这样的活动。在随着音乐扮演小汽车的过程中，有的小汽车开得快，有的开得慢，可以提醒孩子们小汽车之间要保持一个适当的距离，两台车不能撞在一起，且小汽车也会开高开低、翻山越岭。

在这个活动中，"保持距离"和"高与低"是视觉／空间的概念。停车了，每一部小汽车停一个车位，这是"一一对应"的数学概念。看到红灯，要停；看到绿灯，要快点开；看到黄灯，则要减速，认识颜色也是重要的学习。还可以学习认识很多的交通标志，要小汽车在行进的过程中看清楚并一一遵守，经由识别交通标志，孩子也得到了训练阅读能力的机会。

再举一个例子，如果一个孩子最有兴趣的就是交朋友，喜欢跟大家聊天、参与别人的游戏，就可以运用他的人际关系的智能强项，来连接其他各个智能领域的学习。绘图属于视觉／空间方面的智能，不是这个孩子特别有兴趣的领域，但是让他跟其他小朋友一起画画，他的学习动机就增加了；也可以让他跟其他的小朋友一起建构，虽然视觉／空间智能是他的弱项，但因为喜欢与人互动，他就比较愿意进行自己弱项领域的学习，其他孩子的建构也能刺激他产生更多新的想法。

这个孩子也不一定对阅读有兴趣，但是让他和其他的小朋友一起读图画书，一起扮演书中的故事情节，他就不排斥了；他不一定喜欢数数，但是让他和其他小朋友一起玩数字宾果游戏，他就兴致勃勃了。人际关系智能高的孩子，喜欢与人互动，只要是合作学习的场合，几乎所有的东西他都更愿意做，便会试着善加运用他的强项智能领域，来联结发展弱项智能领域。

多元智能量表

请仔细阅读以下每一条表述，若同意此表述就在旁边□内划上"√"号。
（注：此量表适用于3岁以上、8岁以下的孩子）

| 音 乐 智 能 |
| --- |
| □ 会演奏乐器或在合唱团里演唱。 |
| □ 有一副好歌喉。 |
| □ 喜欢听广播或 CD 里的音乐。 |
| □ 音乐可以让他放松。 |
| □ 喜欢跟着音乐打节奏。 |
| □ 有时会哼哼唱唱。 |
| □ 可以唱出电视里的广告短歌和主题曲等。 |
| □ 一首儿歌只听一两次后就能唱出来。 |
| □ 不寻常的噪声（如灯的嗡嗡声）会造成他的困扰。 |
| □ 听到音乐，手脚就会自然地摆动。 |

| 肢 体 动 觉 智 能 |
| --- |
| □ 喜欢用黏土做东西。 |
| □ 能轻松地用肢体做出许多动作和模仿。 |
| □ 在运动或舞蹈方面有好表现。 |
| □ 很难长时间地坐着。 |
| □ 喜欢跑步、跳跃或其他大肌肉动作。 |
| □ 喜欢快速的感觉。 |
| □ 在交谈或描述一件事情时，常用到很多手势。 |
| □ 喜欢建构模型、穿线、串珠或折纸。 |
| □ 动手做的时候，会比只是读或听要学得更多。 |
| □ 是玩"比手画脚"的高手。 |

（续表）

| 逻辑 / 数学智能 |
| --- |

☐ 可以轻松地在脑海里加数字，例如，这里有一个苹果，那里有两个苹果，一共有三个苹果。

☐ 喜欢数学游戏，例如，分类和配对游戏。

☐ 喜欢桌面游戏，例如，跳棋、五子棋或 OX 游戏。

☐ 喜欢解答数学相关的问题。

☐ 会把物品拆开来看它们是怎么一回事。

☐ 对计算机数学游戏很有兴趣。

☐ 喜欢样式或图案组成的游戏。（例如，678678 _____ 接下来是什么？）

☐ 很容易找出图片中相同或相异的东西。

☐ 喜欢每天的活动都遵循相同的顺序进行。

☐ 喜欢做实验。

| 语 言 智 能 |
| --- |

☐ 喜欢阅读。

☐ 喜欢听别人大声地读故事。

☐ 喜欢说绕口令。

☐ 擅长背诵诗词童谣。

☐ 喜欢文字游戏，例如，拼字和填字游戏。

☐ 有时候会因为爱说话而惹麻烦。

☐ 喜欢用不同的方式重述故事，例如，扮演或手偶。

☐ 能轻松地编造故事，例如，故事接龙。

☐ 喜欢将心中的想法用画画或其他书写方式呈现出来。

☐ 很容易记住人名、地名和其他名称。

| 视觉 / 空间智能 |
| --- |

☐ 喜欢玩拼图和迷宫游戏。

☐ 很容易找到隐藏在图片中的东西。

☐ 喜欢有很多图片的书。

☐ 喜欢看电视或电影。

（续表）

| 视觉 / 空间智能 |
| --- |

☐ 经常用画画打发时间。

☐ 喜欢美劳和艺术活动。

☐ 喜欢研究地图。

☐ 喜欢乐高或其他建构型的玩具。

☐ 会注意到穿着不搭配或颜色不协调。

☐ 有方向感。

| 人际关系智能 |
| --- |

☐ 会注意听别人说话，并有所回应。

☐ 有两个或两个以上的好朋友。

☐ 和独自工作相比，更喜欢小组合作。

☐ 喜欢到幼儿园或学校，因为能整天和朋友在一起。

☐ 有一个以上最喜欢的老师。

☐ 比起个人运动，更喜欢团队运动。

☐ 会主动帮助其他人。

☐ 常谈论其他的小朋友。

☐ 对他人的反应或感受很敏感。

☐ 常被邀请到不同的小朋友家或生日会。

| 内　省　智　能 |
| --- |

☐ 喜欢独自工作甚于小组合作。

☐ 很容易地就能描述心中的感受。

☐ 蛮喜欢自己的。

☐ 顽固或个人意志很强。

☐ 大部分时间喜欢自己一个人。

☐ 有一个秘密的地方或一件自己喜欢秘密进行的事。

☐ 知道何时可以寻求帮助。

☐ 凡事会想很多。

☐ 知道自己能做什么及不能做什么。

☐ 知道自己做得好的事情和需要改进的事情。

（续表）

| 自 然 智 能 |
| --- |
| □ 喜欢收藏东西。<br>□ 喜欢去露营和其他户外活动。<br>□ 会花很多时间观看水族馆里的生态。<br>□ 喜欢去农场和动物园。<br>□ 会协助做资源回收。<br>□ 知道至少 10 种树木或植物的名字。<br>□ 喜欢种植，并看着植物成长。<br>□ 喜欢照顾小动物。<br>□ 对生物的分类有概念，例如，昆虫类、植物类及动物类。<br>□ 喜欢看"探索频道（Discovery）"的节目。 |

每一项的总分（请分项计分，每一项内划"√"的是1分，最高10分）

语言智能 _____ 分　　　　肢体动觉智能 _____ 分

内省智能 _____ 分　　　　逻辑/数学智能 _____ 分

音乐智能 _____ 分　　　　自然智能 _____ 分

视觉/空间智能 _____ 分　　　　人际关系智能 _____ 分

父母想一想

☐ 请思考一下孩子目前的学习状况，你是否偏重某几个特定的智能领域？为什么会偏重？这对孩子的学习有何影响？

☐ 你了解自己的孩子有什么特别的兴趣吗？哪方面的智能高？哪方面的智能低？

☐ 你如何帮助孩子继续探索自己有兴趣和高智能的领域？

☐ 请举出几个例子，如何用孩子的强项智能来联结发展弱项智能方面的学习？

☐ 你目前所从事的工作，是否与你的高智能领域相关？相关或不相关对你有何影响？

# 第六章

## 你清楚自己的教养风格吗？

我们多是为人父母以后，才开始学习如何做父母。受到过往成长经验的影响，大部分父母对于该如何对待孩子、教养孩子，都已有一个既定成形的想法与做法。

然而，很多父母并没有仔细分析过自己的教养风格，也并不完全清楚自己与孩子的互动模式。所以首要之务，就是分析自己的教养信念、界定教养的风格，再进一步修正，朝着有助于孩子正面成长的方向前行。

我的学生莉莉是一位职业女性，一直从事计算机软件设计方面的工作。她有两个青春期的女儿，莉莉和她们的关系一直不好，经常起冲突，尤其是与大女儿发生冲突的频率非常高，也很严重，随口说句话孩子就反感，令她觉得非常挫败无助。

莉莉完全不知道该怎么办，后来才决定要学习儿童心理方面的课程，希望能改善彼此的关系。有一次上课，她学到美国心理学家波琳（Diana Baumrind）关于"教养风格"方面的研究，终于明白她与女儿的问题出在哪里。

莉莉发觉自己对待女儿的方式，与波琳研究中的"权威型"父母完全吻合。因为爱女儿，不愿她们犯任何错误，所以莉莉要求孩子一切听她的，不允许她们有自己的意见，也几乎不给她们表达的机会。如果孩子达不到莉莉的标准就会被责备，并持续要求，长此以往，这种权威的教养方式把她们之间的距离越拉越远。

莉莉心想，"已经那么多年了，现在才觉悟，会不会太晚？"但是莉莉还是鼓起勇气，把她深刻的反省与青春期的女儿分享，并向她们道歉，没想到女儿接受了，她们的关系也逐渐有了好的改变。当然，亲子之间互动的模式多年来已经成型，冲突仍是不时出现，但莉莉时时以"民主型"的教养方式提醒自己，一步一步地重建亲子关系。莉莉真希望早点知道这个理论，也就不会白走那么多冤枉路，更能享受与孩子之间和谐的关系。

## 理论这么说：

### 民主型教养最有可能帮助孩子达成目标

一般而言，为人父母以后，我们才开始学习做父母。然而受到过往生长环境和生活经验的影响，大部分父母对于该如何对待孩子、如何教养孩子，都已有一个既定成形的想法与做法。

你可曾仔细分析过你的教养信念是什么？你是否在每天与孩子的互动中，都确实执行了这个信念？你养育孩子的信念和教养的方式，都有助于孩子正面的成长吗？或可能成为了孩子成长道路上的阻力？

关于父母教养风格的理论非常多，然而波琳在多年前的教养研究，至今仍相当具有影响力，接下来，让我们来看一看波琳研究的主要发现。

### ● 父母们的教养目标都非常相似

在波琳研究的一百多个家庭中，虽然父母的教养风格不同，但令人惊讶的是，几乎所有的父母都为孩子设定了非常相似的目标：希望孩子能成为在社会上有贡献的成熟个体。但如何帮助孩子达成此一目标，每位父母却有着非常不同的看法，因而有了不同的教养风格。

举例来说，权威型的父母可能认为孩子什么也不懂，父母是过来人，一切只要遵照父母的意思，孩子就可以少走冤枉路，听父母的绝不会错。放任型的父母可能认为自己不一定能完全体会和了解孩子的想法及需要，因而许多时候，也不能确定如何引导孩子才是最恰当的，倒不如让孩子自己决定，甚至也能从错误中学习，等孩子成熟了，自然就好了。

民主型的父母则认为带领孩子是自己的责任，但是他们知道，直接为孩子做决定，不一定符合孩子的兴趣及需要，久而久之也可能造成孩子的盲从和不去思考。所以**民主型的父母会以倾听和不断的沟通来充分了解孩子的想法，进而引导孩子设定符合他们自己的兴趣且可行的目标**。根据长时间的追踪研究各种教养风格对孩子产生的影响来看，不同的教养风格确实对孩子造成了不同的影响，**民主型的教养方式最有可能帮助孩子达成大部分父母为孩子所设定的目标**。

### ● 不同的教养风格，对孩子的要求及响应也大不相同

波琳的"教养风格"研究指出，每个家庭中的亲子互动都在四个层面上有明显的不同。这四个层面包括父母对孩子情感的表达、规范孩子行为的方式，与孩子沟通的方法，及对孩子成熟度的期望。波琳的研究便是根据这四个主要的层面，将父母与孩子互动的方式归纳成三种主要的教养风格：**权威型、放任型、民主型**。

从图6-1可知，这三种不同教养风格的父母因为在亲子互动的四个层面上表现得不一样，以至于他们在**对孩子的要求及响应孩子的需要**上有非常明显的差异。**权威型**的父母对孩子的要求高，但不回应孩子的需要；**放任型**的父母高度响应孩子的需要，但对孩子的要求很低；**民主型**的父母在响应孩子的需要及对孩子的要求上都很高。图中尚有一类忽视型的父母，由于对孩子没有要求，也不回应孩子的需求，他们几乎不参与进孩子的生活中，在研究中占极少数。

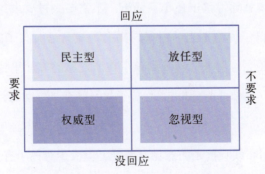

图 6-1　各类型父母对孩子的要求与响应

### 1. 权威型

权威型的父母试图控制孩子的一切，他们对孩子的要求很高，但多半不回应孩子的感受及需要，正如俗语说，"小孩子有耳无嘴！"

权威型的父母从自己的角度，为孩子设定生活规条、行为准则，以及课业标准，并要求孩子绝对地遵守与服从，孩子一旦达不到标准或做错事，就会受到处罚，"我走过的桥比你走过的路还多，听我的就对了！"

在这样的家庭中，孩子的意见和感受是不被倾听的，也极少分享和讨论彼此的感受。这些父母爱孩子，但极少表现出自己对孩子的爱，"你要不是我的孩子，我才懒得管你！"

### 2. 放任型

放任型的父母对孩子非常关心，并经常响应孩子的感受及需要，但这些父母对孩子多半没有什么要求，任其发展。例如，孩子要学钢琴，妈妈说好；学了一阵子钢琴不想学了，要学古筝，妈妈也说好；古筝学学，没兴趣了，又要学别的乐器，妈妈还是说好。"学乐器嘛！孩子喜欢就好，不喜欢了，不学也没关系"，对孩子的成熟度有非常低的标准。

放任型的父母总觉得孩子还小不懂事，不需要太过要求，因此多半不规范孩子的行为，在孩子行为不当的时候，则会隐藏自己对孩子的不悦和不认同，以免破坏了亲子关系。例如，当看到孩子在朋友家的客厅里钻来钻去、随意翻看别人的东西时，父母可能会想，"小孩子都是好奇又好动的，这也是没有办法的事"。

这些父母会用心倾听孩子的意见及感受，但极少对孩子有什么建议和引导，不论孩子做什么和说什么，基本上都会完全接纳。例如，他们通常会说："你早餐要吃什么?"给孩子所有的选择,而不是问:"你早餐要吃三明治或葱油饼?"不会给孩子限制性的选择。

放任型的父母希望能帮助孩子,但并不认为自己对"塑造"孩子负有主要的责任。

### 3. 民主型

民主型的父母对孩子非常关心,并经常响应孩子的感受与需要,他们对孩子也有明确及**合理**的要求。这些父母花很多时间倾听孩子的意见及感受,并与孩子有频繁的双向沟通。

在与孩子的互动与沟通中,他们常常用开放式的问题引导孩子思考,并分析事情的各种层面,再和孩子一起设定解决问题的方法和可完成的目标。例如,当孩子总是把玩具一丢就去做别的事,权威型的父母可能会说:"天天告诉你要收玩具,你就是不记得!下次再不收,我就把你的玩具统统没收了。"放任型的父母可能一边口中念念有词:"不是告诉你玩具玩完了要收吗?"一边替孩子收拾玩具。

民主型父母会把孩子带到凌乱的玩具旁,严肃地对孩子说:"你知道玩完玩具一定要收拾好,现在请你把玩具收拾好。"当孩子不合作,跑开或看着电视、不予理会时,民主型的父母会平静但严肃地把孩子抓住或把电视关掉,再一次把孩子带到玩具前面说:"请你把玩具收好,再去做别的事!"

民主型的父母不论花多少时间,都会温和且坚定地要求孩子把该做的事做好。在玩具收拾好以后,民主型的父母还会问孩子许多问题,引导孩子去思考和分析自己的不当行为,"为什么我们应该把玩具收拾好?""你觉得自己为什么总是忘了收玩具?"并且与孩子讨论,"我们一起来想一想,有什么方法可以让你下次不会再忘记把玩具收好?""下次如果又忘了收玩具,该怎么办?"。

其实要孩子认真地回答每一个问题,都要花去很多的时间,但是民主型的父母不会像放任型的父母说话不算话，也不会像权威型的父母快速地替孩子决定所有的答案，而是会带领孩子面对问题，让孩子不断地反省，直到找到解决不当行为的方法为止。

一般人对于民主型教养风格常有的误解，是以为民主型的父母对孩子是"爱的教育"，所以任由孩子随意发展，完全没有管束与要求。其实民主型的父母会根据对孩子的了解及孩子的成熟度，为孩子设定行为及课业上的标准，以温和的态度，花很多时间向孩子说明和解释，持续要求孩子达成。

例如，学乐器是好的，但不一定每一个孩子都要学钢琴或小提琴。民主型的父母会从孩子的能力与兴趣着眼，和孩子共同讨论，共同选定乐器，一旦孩子选好了，就不会让孩子随意放弃。因为学习乐器是一个过程，也一定会遇到学习上的瓶颈，尤其孩子还小的时候，遇到难度高的学习，多少都会有放弃的念头。权威型的父母会继续强制孩子每天苦练，练不好就责骂和处罚；放任型的父母会让孩子换一项乐器，或再也不学了。

而民主型的父母了解孩子正面临学习上的瓶颈，需要陪伴与鼓励。他们会和孩子讨论学习上的问题，"你练琴一直很用心，妈妈知道你也很喜欢，为什么最近容易分心，弹琴很不高兴？跟妈妈说，看我可以怎么帮你？"给予孩子一些建议，"用节拍器，妈妈也在旁边帮你打拍子，好不好？""老师说，是手的位置不对，妈妈在旁边提醒你，你慢慢地练，一天只要五遍，练五遍正确的，总比十遍不正确的效果要好！"再给予孩子一些言语上的鼓励，或物质上和活动上的奖励，支持孩子面对困难，渡过难关，"老师说最近弹的曲子比较难，要更有耐心地练，你这几天练琴特别专心，妈妈带你去动物园玩！"

民主型的父母不会用权威压制的方式要求孩子立刻达到目标，但也不会允许孩子任意而为，他们给孩子成长的时间与空间，但从不放弃对孩子持续的支持与引导。

## ● 不同的教养风格，确实对孩子产生不同的影响

中国人说："棒打出孝子，不打不成器。"其实这句熟悉的话，代表了父母们相信教养方式对孩子的成长有绝对的影响，权威的父母才能教养出成熟懂事的孩子，当然老祖先的这句话与波琳的研究结果是不尽相同的。

波琳的研究也指出，不同的教养方式确实会对孩子的一生产生不一样的影响，然而在现今的社会，**民主型的教养风格才最有可能把孩子教养成为对社会有贡献、快乐、自信、成熟的个体。**

权威型父母养育的孩子，小时候在学业上的表现还不错，但多半有焦虑退缩的现象，比较不快乐，也较不能面对挫折。放任型父母养育的孩子有情绪管理上的问题，当不能随心所欲时就会出现反叛行为，坚持度比较低，也较不能勇于面对挑战，遇到困难容易放弃。民主型父母养育的孩子快乐且有活力，有良好的情绪管理能力，也有较好的社交技巧，对完成自己的工作及面对挑战都非常有自信。

从社会的眼光来看，有些在权威型教养下的孩子因为父母严厉的督促，一般生活上的表现都还不错，但是从小他们的一切皆由父母决定，不能照着自己的想法行事，更没有探索兴趣的机会，甚至很多时候都在做与自己的兴趣及意愿相违背的事。也因为如此，他们即使有很不错的工作，却多半做得不愉快，当无法达成父母的期望时，也会有罪恶感，或难免焦虑。在人的一生中，许多时间都花在工作上，如果所做的是自己没有兴趣甚至厌恶的工作，这该是多么不快乐和遗憾的事。

又例如，有些个性强的孩子是越压制反弹越大的。记得在某年台湾的大学发榜以后，曾经看到一则新闻：一个孩子考上医学院，却在给他的父母留下短信后，游向大海再也没有回来。他在短信中提到，非常痛恨父母从小对他在课业上的强制要求，还强迫他一定要考医学院，他只想证明给父母看，自己有能力考上医学

院，但绝不再受他们的控制了。这是一个极端但真实的例子，权威型的教养多半会因为缺乏沟通了解，导致冲突疏离的亲子关系，在这样的关系中，父母几乎不可能有机会帮助孩子顺着自己的意愿，完全地发挥潜力。

放任型教养下的孩子从小就可以随心所欲，很早就可以自己做决定，而这种没有限制的感觉，会让孩子缺乏安全感。试想一个4岁大的孩子，没有任何的引导，可以决定自己生活中的每一件事，这个孩子将会如何彷徨与失控。例如，冬天在美国的街头，常常可以看见一些小孩子穿着夹脚拖鞋、薄薄的短袖T-shirt、小裙子或短裤。不知道为什么这些孩子的父母能允许他们这样穿，不怕他们生病吗？

又例如，有时当孩子不能得到自己想要的东西时，他们不但会放声大哭，还会摔东西，甚至对父母拳打脚踢。放任型的父母认为孩子还小，只是为了得不到自己想要的东西而哭闹，这也没有什么，有的父母还会亲亲抱抱，安抚孩子。当然，能对孩子的生气和挫折产生同理心是重要的，但是当孩子用负面的行为来获得爸妈的注意时，如果不加以引导，还让他随心所欲，这个孩子很可能无法明确知道界线在哪里，继续操控大人。长此以往，也非常可能导致一种"只要我喜欢，有什么不可以"的行为模式。

民主型的父母会倾听孩子，从日常亲密的交谈和互动中，孩子得以有许多表达自己兴趣与需要的机会，生活上的重要决定，也几乎都是父母与孩子共同讨论的结果。**民主型的父母不只要求孩子达成共定的目标，更尽力参与在孩子每日的生活中，全力支持他们。**例如，一个对自己穿着很有意见的孩子，民主型的父母会给他有范围的选择。每天入睡前，妈妈会选出几套适合季节的衣服，让孩子挑选其中的一套隔天穿，而不是替孩子拿好，不给孩子任何选择，也不是完全让孩子自己决定。

民主型教养下成长的孩子，从小就学习为自己做决定，但他们知道所设定的人生目标必须是合理可行的，这样的孩子，长大后多半在社会上从事自己有兴趣的工作，并且能愉快地胜任。

显而易见，民主型的教养方式对孩子最有帮助。这些孩子和父母之间良好的互动，也让他们在遇到困难，甚至失败的时候，都能选择回到"家"这个安全基地，得到父母的支持与引导，再重新出发。

## ● 上一代的教养方式，明显影响我们教养下一代

波琳研究中还有一个重要的发现：不论喜欢或不喜欢我们父母的管教方式，我们或多或少都承接了上一辈的教养风格。

在我生长的年代，权威型教养非常普遍，从事幼儿教育三十多年，我非常明白对孩子要多以温和的态度循循善诱，但好多次在管教孩子的时候，却惊觉到自己失控大吼的声音。相信很多人也有类似的经验，即使在许多方面不认同自己父母亲的管教方式，还是难免发现自己和孩子说话的方式，怎么越来越像自己的父母。

研究显示，虐待儿童的成人，小时候也多是受虐儿。相信没有人会喜欢被虐待，但在这些人小的时候，那是成人与他们互动的方式，在没有其他学习对象的情况下，那是他们知道的唯一一种教养方式。

上一代的教养风格绝对影响我们教养下一代，唯有深刻地检视自己并寻求正面的学习典范，才有修正原始教养信念的机会。

### 跟着大师这么做：

**先认清自己的教养风格，再进一步调整**

受到上一代教养方式及个人独特生活经验的影响，大部分父母的教养信念与风格都比较固定，较倾向权威、放任或民主型其中的一种。然而很多父母可能并

没有仔细分析过本身的教养风格，也并不完全清楚自己与孩子的互动模式。所以首要任务，是要界定父母的教养风格，再进一步地朝着民主型的教养风格进行修正。

## ● 分析亲子互动的四个层面，界定父母的教养风格

前面提到波琳的三种教养风格理论，是根据家庭中亲子互动的四个层面，加以分析而得到的结果。如果父母们仍不是很清楚自己的教养风格，不妨根据这四个层面，逐一仔细地分析一下与孩子的互动模式，应该就会对自己教养风格的界定更加清楚。

### 1. 对孩子表达情感的方式

有些父母会带着微笑、用欣赏的眼神看孩子做事，或和孩子说话。他们经常关切地将手搭在孩子的肩上，拥抱或亲吻孩子是生活中再自然不过的事。除了亲密的肢体语言，这些父母也不会隐藏对孩子的喜爱，例如，他们常直接地说出"你是妈妈的心肝宝贝！""爸爸爱你！""我真高兴有你这样的孩子！"等。

而有些父母对孩子比较严肃冷淡，常批评孩子，和孩子不常有亲密的肢体接触。很多人一生中从来没有听父母对自己说过像"我爱你"这一类情感丰富的话语，也从不曾被父母拥抱过，甚至没有被父母用关爱和欣赏的眼神长时间注视过。

### 2. 规范孩子行为的方式

父母们用各种不同的方式教导孩子如何为人处事，有的方式严厉，有的轻松带过。例如，在孩子做错事的时候，有些父母会非常有耐性地一再重复，向孩子说明一切，并和孩子讨论预防再犯错的方法。有些父母却是对孩子一顿打骂，因为说不听就只有打了，会痛才记得住。另有些父母则不和孩子说话，既然我说话你不听，那就不要叫我妈了。还有些父母要孩子道歉，并保证以后不会再犯。更

有些父母干脆就忽视不管，任其发展。

### 3. 与孩子沟通的方法

有些父母每天都会花时间与孩子闲聊，当与孩子谈论事情的时候，十分尊重孩子的表达，用心倾听并积极响应孩子的想法及意见。另有些父母每天与孩子的对话局限于信息的交换，或单向的沟通，"把玩具收好！""吃快一点！""功课写完没有？""这次考试考了几分？"他们经常要求孩子保持缄默，与孩子的交谈多只有父母单向的发言，也不认真地听孩子说话，常打断孩子的想法与意见。

### 4. 对孩子成熟度的期望

不同的父母对自己孩子所应负的责任及应有的自我控制力，有非常不同的标准。例如，有些父母很早就会要求孩子做家务；而有些父母则认为等孩子大一点，再帮助做家务；另外也有些父母完全不要求孩子做家务。

有些父母看到孩子跌倒了会马上把孩子扶起来；而有些父母会叫孩子不要哭，自己爬起来。有些父母要求孩子静静地坐着；而有些父母则认为孩子小，当然坐不住，允许孩子随时随地都可以自由地跑跳。

在完成以上亲子互动四个层面的分析之后，建议父母们参考本章最后附上的"教养风格量表"，对自己的教养风格倾向做最后的确认。

## ● 检视自己的教养信念与风格，寻求必要的改变

自第一个孩子呱呱落地，我们才开始慢慢地摸索如何做父母，从教养老大的经验中，或多或少地调整对下一个孩子的教养方式。

一眨眼孩子长大离家了，父母才开始慢慢意识到自己和孩子的互动有很多不足之处，有些父母甚至到老才发现，自己的教养风格在亲子之间造成许多的遗憾。

就如同写字、算数、音乐，"做父母"也是需要学习的，然而研究显示，只有非常少数的父母会买家庭教育相关的书籍用心研读，更少数的父母（内含极少数的父亲）会参加家庭教育讲座或父母支持小组来学习。

适宜的教养风格是需要学习的，过往的成长经验很可能已塑造了我们某些不正确的教养观念和方法。研究告诉我们，没有参与家庭教育相关学习的父母，几乎没有可能适时地修正自己与孩子互动的模式，或改变自己的教养风格。

虽说懂得反省的父母或许可以从生活经验中慢慢去学习，但是孩子长得太快了，等我们想通了，他们或许已经远离家园，我们也失去了影响他们的机会。之前提到的学生莉莉，就是意识到家庭教育是做父母必修的课程，也唯有把家庭教育当成一门专业知识来认真学习，自己不断反省修正，才能"实时"地建立适宜的教养方式。

有关家庭教育的书籍及讲座多不胜数，父母可以在仔细地检视了与孩子之间的状况后，再根据每个家庭的需要来选择参与。因为我们的家庭生活状态随着时间一直在或多或少地有所改变，因而这种对自身教养的检视、寻求修正与改变的态度和行动应该是持续性的。

如果你发现自己常威胁和叫骂，甚至体罚孩子；如果你发现自己几乎没有每天和孩子坐在一起面对面地谈谈天、听孩子说话；或孩子在你面前总是匆匆走过，已不记得孩子对你说过什么话，只记得你对他们说了什么；如果你发现孩子总是达不到你的期望，让你感到非常失望，甚至觉得孩子没出息。如果家庭中有类似的状况，父母们就可以开始问自己许多问题，并试着去回答这些问题。例如，"为什么我说话孩子不听呢？是我的要求不合理吗？还是我从来不要求他们对自己的行为负责？"很可能在你回答这些问题时，会发现自己对孩子做不到温和且坚定地引导，那么你就可以在这方面加强学习。

又例如，"为什么我常叫骂或体罚孩子？为什么我的孩子不愿意亲近我？为什么我不常赞美我的孩子？是怕失去父母的权威吗？是我的孩子没有可赞美之处吗？是我的父母几乎没有赞美过我吗？"试着回答这些问题，并找到答案。假使你意识到"赞美孩子"是一件极重要的亲子互动技巧，而自己却极少做到，就可以多研读这方面的书籍，或参与这方面的家庭教育学习。

每个人的人生经验都不相同，每个家庭内亲子互动的状况也不一样，因而父母们所需要的关于家庭教育的学习也因人而异，重要的是，父母们能勇于面对自己，不时反省自己与孩子之间的互动，更愿意不断地学习和修正自己的教养风格。

教养风格量表

| 四个层面 | 权威型 | 放任型 | 民主型 |
|---|---|---|---|
| 情感表达 | 严肃，常批评孩子 | 亲密的肢体语言<br>不隐藏对孩子的喜爱 | 亲密的肢体语言<br>不隐藏对孩子的喜爱 |
| 行为规范 | 规范清楚，并由父母设定 | 没有明确行为规范 | 规范清楚，由父母与孩子共同决定 |
| 沟通方式 | 只有单向地告知孩子 | 倾听孩子 | 父母与孩子常有双向的倾听与意见交换 |
| 对孩子的期望 | 对孩子的要求高 | 对孩子的要求低 | 对孩子的要求高但合理 |

　　父母可以就其中某一个层面，选择合适的关于家庭教育的书籍或讲座来进修，逐步地修正自己与孩子互动的方式。

父母想一想

☐ 你对孩子有什么期望？你为孩子所设定的目标，是否与波琳研究中的父母相同或相异？

☐ 你的上一代会影响你的教养风格吗？有哪些影响？是正面的或负面的？

☐ 对你而言，民主型的教养风格有哪些层面是比较难做到的？

☐ 你是否清楚地知道自己的教养风格？平日与孩子如何互动？

☐ 若父母两人的教养风格非常不一致，会对孩子产生怎样的影响？

# 第七章
## 孩子生活中的蝴蝶效应

　　孩子每日直接或间接接触到的环境，有千千万万种，每一个大小环境中发生的变化，即便是小到微不足道的，都有可能对孩子产生或大或小、或正面或负面的不同影响。正因为如此，父母应该经常检视孩子的生态环境，并确定孩子的每一个环境层面都是正面的。

　　家庭在做出任何重大决定前，更要仔细考虑孩子方方面面的环境跟关系，尽量把每一个环境的改变减到最低，以维护孩子生活中的稳定性。

有一回，我的高中同学爱文谈及她的大女儿在青春期的巨大改变。

她说，自幼乖巧的大女儿，穿着、行事、谈吐在进入青春期后变得非常极端，令人感到不可思议。

爱文身边的朋友也对这个女孩多有批评，不赞同自己的孩子与爱文的大女儿做朋友，大女儿的外表与行为也越加反叛。当时爱文只认为是青春期荷尔蒙作祟，并没有想太多，也只有尽力地帮助她。

多年后，这个长大成熟了的女儿跟爱文谈心，提到青少年时期的改变，她说："为了让我上好学校，在中学的时候，我们搬离了我从小长大的地方，来到完全陌生的环境。在学校里，我一个朋友也没有，独来独往，加上好学校升学的压力，我感到非常寂寞无助。"爱文听了恍然大悟，当初努力存钱，以为终于可以送孩子进入顶尖学校接受更好的教育，没想到却带给女儿如此负面的影响。

理论这么说：

## 生活中的任何决定或改变，都是环环相扣的

有人说，在南美洲热带雨林，一只蝴蝶轻轻挥动翅膀，可以导致其后美国中部的一场大龙卷风，这正是所谓的"蝴蝶效应"。这也说明了环境中任何一点点的

改变，即便是小到微不足道的，都可能对人的发展产生一定的影响。

生活中的任何决定或改变，都是环环相扣的。

爱文的女儿，不仅因为环境的搬迁，影响了她的外表、行为及学业表现，更因为不满搬迁的决定，在青春期对父母产生许多怨怼，亲子之间起了不少冲突。这个对爱文而言，如此正确的决定，却始料未及地为青春期的女儿带来如此大的挑战，为人父母者对于孩子整体生态环境的安排必须谨慎，应该多从孩子的角度来看环境的影响。

### ● 影响孩子发展的五个环境系统

美国生态系统理论专家布朗芬布伦纳（Urie Bronfenbrenner）特别强调环境对儿童发展的影响，孩子直接或间接接触到的环境，可以说有千千万万种，不论大小，每一个孩子周遭的环境或发生的事，都会对孩子产生或大或小、或正面或负面的不同影响。

为了更系统的分析，进而充分了解孩子身边大大小小的环境，布朗芬布伦纳把这千千万万不同的环境归类为五个主要的环境系统，孩子在中间，五个主要的环境系统环绕在孩子的身边，如**图7-1"生态环境系统"**。依孩子在每种环境中参与的程度，以及孩子与每种环境直接或间接互动的程度，将这五个环境系统从与孩子最近的到最远的，逐一循序环绕在孩子四周。

这五个环境系统包括**小环境系统**、**中间环境系统**、**外围环境系统**、**大环境系统**和**时间环境系统**，让我们从内到外逐一地来了解每一层环境对孩子的影响。

### 1. 小环境系统

小环境系统是孩子身在其中、每天都会接触的各个环境，通常包括每天经常出入和接触的人、事、物，像是孩子的家人、朋友、学校和居家小区等。

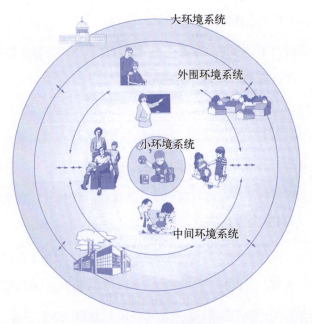

图 7-1　生态环境系统

假设有一个孩子与父母同住，他有一个姐姐，他每天去幼儿园，周末全家会固定到小区的公园走走玩玩，星期日到教会做礼拜。简单地说，在这个孩子的小环境系统中有父亲、母亲、姐姐、居家环境、幼儿园、小区环境及教会等。

在这个孩子小环境系统中的所有环境，都分别会对他产生独特的影响。例如，父亲或母亲的教养方式各有不同，会分别对他产生正面或负面的影响；姐姐与他的关系、幼儿园中每一个小朋友与他的互动、每一位老师对他的教导与态度，居住的小区是否整洁安全、邻居是否友善、教会中的教导、教会中成人和小朋友如何与他互动等，小环境系统中的每一种关系，都会个别地影响着这个孩子的发展。

然而每个孩子的小环境系统都不尽相同，例如，有些孩子与祖父母同住，祖父母就在孩子的小环境系统中；有些孩子由保姆照顾，保姆就在孩子的小环境系统中；又有一些孩子一直由母亲照顾，没有上幼儿园或请保姆，保姆和幼儿园就不在这个孩子的小环境系统中。

在这个最靠近孩子的一层环境系统中，经常接触的人、事、物都与孩子有单一的互动模式，也对孩子产生直接和个别的影响。

### 2. 中间环境系统

中间环境系统里的所有环境，与小环境系统中的是完全一样的。然而中间环境系统的重点，不是每一个环境对孩子单一和个别的影响，而是所有在小环境系统中的人、事、物，彼此之间的关系，对孩子的发展产生的影响。

假设父亲与母亲的关系不好，常有冲突，很明显会对孩子造成负面的影响。母亲与幼儿园的老师关系良好，经常到幼儿园帮忙，他们之间正面的关系，也一定会让孩子对幼儿园更有安全感，并对幼儿园有更正面的感受。

又假设孩子的教会常有免费的小区活动，如计算机课、编织课或家庭关系辅导等，让小区人士有进修充电的机会，孩子每天在小区中进进出出，接触到这些小区人士，他们也会以更正面的能量与孩子互动。这些环境彼此之间的互动关系如何，将对孩子产生正面或负面的影响。

### 3. 外围环境系统

外围环境系统是指孩子不常接触或参与其中的一层环境系统，然而这些环境中发生的事，会影响中间环境系统与小环境系统，进而影响到孩子的整体发展。

例如，父亲的工作环境不是孩子会经常接触的场域，与孩子每日生活其实离得很远，是属于外围环境系统（请参见**图7-1"生态环境系统"**）。然而在父亲工作上发生的事，却会影响到中间环境系统，比如父母亲之间的关系和父亲在孩子学校中的参与度；也有可能进一步影响小环境系统，再比如父亲与孩子的互动，孩子的居家环境及小区环境等。

如果父亲热爱自己的工作，与同事相处融洽，收入稳定，因为工作上带来的成就感与快乐，多半会把这些正面的能量带回家，与家人互动良好，因为收入好，也较可能拥有自己的房屋，居家环境也会在较为优良的小区。相反的，如果父亲不喜欢自己的工作，像是同事之间经常有冲突、工作待遇不佳等，可能因为工作上带给他的压力和困扰，回到家后把这些不愉快都发泄在家人身上，便会带给孩子和妻子负面的影响。

每一个孩子的外围环境中的人、事、物也是不尽相同的。假设孩子的祖父母每天都到社区活动中心下棋聊天，参与插花社、合唱团或太极拳等活动，生活多姿多彩，当祖父母来探望小孙子的时候，会和孙子有说有笑、关系融洽。社区活动中心属于孩子的外围环境系统，并不是孩子会常常去的地方，但社区活动中心带给祖父母的正面影响，也间接正面地影响了孩子。

外围环境系统虽然离孩子很远，孩子并不参与其中，但是在这一层系统里，每一个环境中发生的事，都会对孩子发展产生直接或间接的影响。

## 4. 大环境系统

大环境系统是指"生态环境系统图"最外面的一层环境系统。

这层环境系统离孩子每日的生活最远，在大环境系统中的所有环境，对孩子而言几乎都是不可见的，包括社会文化、国家法令政策等。然而在大环境系统中的每一个环境，都会影响外围、中间及小环境系统，进而影响孩子的整体发展。

举例来说，文化对孩子是不可见的，但文化关系着人的信念与价值观，影响着我们每天、每分、每秒所做的每一个决定，更关乎下一代的传承。像是华人对传统文化教育的重视，这个价值观影响了很多家庭，为了给孩子良好的学习机会，买房一定要买在好的学区；而好的学区存在于孩子的小环境系统中，这也直接影响了孩子的学习发展。

又假设为了买在好的学区，母亲决定去上班增加收入，母亲工作的环境则存在于孩子的外围环境系统中；加上双薪家庭生活的忙碌及压力，影响着父母之间的互动与关系，这属于中间环境系统的层面。母亲因为事务日渐繁重，与孩子的互动不如先前有耐心，陪伴孩子的时间也减少了，这属于小环境系统层面的影响。因为文化价值观，导致其他三个环境系统改变，绝对会影响孩子整体的发展。

再举一个例子，政府对于幼儿园或家庭托儿机构相关政策的立案，属于大环境系统的层面，会进一步影响孩子其他层面的环境。美国每一州都对幼儿园的管理有明确的法令，一所正规的幼儿园，在师生比率、园长和教师资格、室内外的活动空间等方面，都有着仔细明确的规定，以确保幼儿园的质量。

政府的托育法令对孩子而言，是最外一层遥不可见的大环境系统，却对孩子的整体发展影响巨大。

### 5. 时间环境系统

时间环境系统是布朗芬布伦纳后来才加入的一个系统。不同于其他的环境系统，时间环境系统是指人生命中不可预期的改变，这种改变不一定会发生，所以并没有画进"生态环境系统图"中。然而这种不可预期的改变一旦发生，很多时候会造成其他四个环境系统巨大的改变，进而对孩子整体的发展影响巨大。

时间环境系统中的改变可能包括家庭成员的死亡、离婚、天灾或搬迁等。例如，原本毕业后就在美国工作成家的父亲，因为公司的职务变动，便举家从美国搬回中国。一般而言，搬迁不是生活中预期或一定会发生的事件，但是一旦发生，多半孩子的所有其他环境系统都会跟着改变。

首先，就外围环境系统而言，美国文化与中国文化就有许多不同之处，美国文化强调独立自主，个人主义色彩浓厚，一个多年在美国文化中成长的孩子，一旦进入强调群体和谐互助、重视谦虚有礼的中国文化中，必定产生适应上的困难与冲突。

再说到小环境系统中的改变。不一样的小区、教会、幼儿园、住家等，每一个小环境几乎都改变了，孩子也必须调整自己与每一个新的小环境之间的互动，建立新的关系。改变后的众多小环境，彼此的互动关系也要重新协调。假设在美国时，祖父母只是每年来美探望一次，距离孩子的小环境系统很远，位于孩子的外围环境系统中；回到中国，祖父母经常往来，甚至搬来同住，祖父母就移入了孩子的小环境系统中。

就中间环境系统而言，若父母与祖父母的互动良好，就会为孩子带来正面的影响；反之，若父母与祖父母时有冲突，这一层中间环境就可能对孩子产生负面的影响。

就大环境系统而言，爸爸的职位改变，可能工作变得繁忙，也多了不少应酬，与家人相聚的时间自然少了许多，这也影响了他与每位家庭成员的关系，进而影响到孩子的发展。

再举一个例子，父母离婚也是属于时间环境系统中的改变，是孩子生活中一种不可预期的状况，一旦发生，也会造成其他四个层面的巨变。假设妈妈搬回娘家，孩子的家庭成员就改变了；孩子搬离所居住的地区，进入新的幼儿园；也许每个周末要去爸爸那儿；若爸爸再婚，孩子也会面对新的关系等，这些都是孩子小环境系统中的许多改变。

爸爸与妈妈之间仍有互动，然而他们如何互动、关系是好是坏，也会影响孩子，这是属于中间环境系统中的变动。还有父母离婚对孩子在生活价值观上也有一定的影响，这是属于大环境系统上的影响。妈妈也可能开始工作，这又是外围环境系统中的改变。

布朗芬布伦纳认为，时间环境虽然不一定会产生变化，但是一旦发生，多半会比其他任何环境层面对孩子产生的影响更大。

跟着大师这么做：

经常检视孩子生态环境系统中的各种关系

　　在孩子的生活中有千千万万、大大小小、可见和不可见的各种不同的人、事、物和各种不同的关系，哪些状况会影响孩子、哪些状况的影响大或影响小，有时在每日忙碌的生活中，父母难免有所忽略。

　　而布朗芬布伦纳的理论正好提醒父母必须时时检视孩子的五个环境系统，一层一层仔细抽丝剥茧，若发现任何层面可能或确定会对孩子产生负面的影响，就要即刻修正，因为一个生活中极小的负面关系，都有可能对孩子造成如龙卷风一般的巨大变化。

### ● 经常检视孩子的五个环境系统

　　要父母对孩子环境中的任何改变时时保持高度的警觉和敏感度，实非易事。

　　其实忙碌的爸爸妈妈平时就可以利用"生态环境系统图"作为分析的架构来练习，每隔一段时间，当意识到孩子的生活上有一些改变，或者当家中需要做一些决定的时候，都应该仔细地分析孩子五个层面的环境系统，把每个层面中每一个人、事、物的改变，一一列下，检视每个环境和关系可能对孩子产生的影响，以确认孩子是否受到过多的负面影响。

　　为什么需要经常性地检视孩子的环境系统呢？因为在每一个年龄阶段，孩子身边的环境系统多少都会有一些变化，所以即使在生活稳定、没有大幅变动的时候，也应该经常检视孩子的各个环境系统，有时候会发现一些意外的结果。

　　例如，有一位母亲用"生态图"替孩子做了一些分析，发现孩子身边的每一个环境层面都非常正面，唯一的负面影响是因为她跟婆婆同住，婆媳之间在教养孩子的方式上非常不一样，生活习惯也不尽相同，导致婆媳的关系不甚和谐，常常发生争执。她发现孩子的情绪在某些时候非常不稳定，也许跟这个因素有关，因为孩子爱自己的祖母，也爱自己的妈妈，却常常看到她们两个人起争执。

这位母亲为了孩子，重新调整了跟婆婆之间的关系，当她这么做以后，孩子的行为真的也越来越正面了。

## ● 做任何决定之前，务必小心谨慎

之前爱文提到女儿青春期的表现突变，正是因为自己做出搬迁的决定时，没有考虑到其他层面的改变可能对孩子产生的影响。例如，搬迁到一个新的小区，小环境系统中的改变多而复杂。孩子要交新的朋友、认识新的老师，建立新的关系；上学的路线改变了，对新小区不够熟悉；爸爸可能要开很长的路程上班，跟孩子互动的时间也减少了。

为了孩子而搬迁到好学区看似是一个理所当然的好决定，但是父母在做生活上的改变时，必须考虑这个决定可能连带而来的许多影响，在得与失之间，这个决定是不是值得，父母需要善用智慧为家庭和孩子多番思量。

再以"离婚"为例子，很多父母都认为，夫妻天天在一起吵架，对孩子也没有什么好的影响，不如分开。但事实上研究指出，离婚对孩子有非常长远的影响，也许几年后，孩子会适应，因为他们接受了这个事实，可是父母离异的女孩子罹患忧郁症的比例偏高，男孩子也有学业成绩下降的现象。

离婚对孩子而言，不只是与父母关系的改变，更牵涉到其他环境系统的改变。可能父母之一要移到外围环境，不能天天见面；也许父亲或母亲再婚，孩子要跟陌生人建立新的关系；可能母亲需要工作，母亲因为压力，也许会带给孩子负面的感受，这些都仅仅是在小环境系统里面的改变。

当然，在时间环境系统中，很多改变是无法控制的，像天灾或失业等，但是当父母还握有一点点对状况的控制力，在做出迫不得已的决定之前，是否可以多方考虑这个决定对孩子各个环境系统可能产生的关系和影响，尽可能对孩子其他四个环境层面多做一些规划，将负面影响降到最低。

例如，许多年前美国加州湾区的很多父亲因为工作的关系，搬迁到别的国家去，有的全家搬过去，有的是父亲一个人离开，母亲则带着孩子留在加州。因为当时社会经济不景气，导致工作受到影响，虽然这并不在人的控制之中，但是当父母做出搬迁的决定时，千万不要忽略掉孩子的感受和想法。父母其实可以先前往即将移居的地方，安排住所和学校，与当地认识的朋友联络，为家人和孩子安排好可以建立的关系；给孩子一段时间，来回探访即将搬去的地方，让孩子先学习当地的语言；家人可以经常讨论彼此的想法，接纳孩子的某些建议，并针对既定计划做适度的修正。

在做出任何重大决定前，一定要仔细考虑孩子方方面面的环境和关系，尽量把各个环境的改变减到最低，以帮助孩子顺利通过转换期。

## ● 生活的稳定性对孩子的发展非常重要

生活中的稳定性对孩子的成长是很重要的，或许有人会说，生活环境中有许多变化，也不失为训练孩子适应力的好机会。但研究指出，是否有稳定、可预期的生活作息，绝对会影响孩子的发展。在孩子的环境系统中，若是出现太多的变动，就代表着各种关系不断在改变，这会对孩子的发展带来太多的挑战，常常导致负面的影响。例如，研究显示，孩子最常出现问题的时候，都是在人生中的交接转换期。从幼儿园升到小学，孩子在最开始的转换期如果适应良好，接下来在小学的几年，都会比较顺利、有比较优异的表现。反之，一旦在交接转换期，也就是小学的第一年适应不良，接下来的几年，孩子多半也会出现学习上的困难。从幼儿园到小学的转换期是如此，从小学到初中，初中到高中也是如此。

因为在转换期，孩子生活中的改变多了，许多新的关系，都会影响生活的稳定性。在孩子生活中的变动，有时是不可预期、无法避免的，例如，家庭成员的突然离世或地震风灾。成人应尽力避免孩子每一层环境系统中骤然的变化，以维护他的稳定成长。当生活中发生变动的时候，孩子都特别需要帮助与支持。父母可以善加利用这个"生态图"的架构，仔细地厘清孩子在每一个环境系统中的变动、每一种关系的变化，如果发现太多的变动可能带给孩子过多的负面影响，就应该重新考虑家庭的决定，尽可能保持孩子生活中的稳定性。

然而家庭若遇到不可避免的变动，父母们也不需要过度担心，其实孩子从坏到好的反弹性（resiliency）也是非常大的。研究证明，只要孩子能继续和亲近的人有稳定的联结、能得到足够的关注，并和关心他的人有正面的关系，许多不能控制的状况，都不至于对孩子产生太严重的负面影响。也就是说，如果在时间环境系统中，出现了不可预期和不可控制的状况时，若父母能随时回应孩子的需要、持续给予孩子支持，并成为孩子的安全基地，很多时候就足以抵挡其他环境系统中的挑战，引导孩子安然度过，将负面影响减至最低。

有一项研究是关于在战乱中成长的孩子，他们在幼年时期经常看到死亡，看到他们的家园被摧毁，会不会因为这么悲惨的童年，长大以后就出现不正常的发展、更多的心理问题？然而研究结果指出，大部分的孩子长大后，并没有明显不正常的表现，战乱并没有对他们的人格产生明显的负面影响。原因是在战乱的整个过程中，他们都至少有一个亲人固定且稳定地陪伴在他们的身边、支持着他们。

父母想一想

☐ 请将孩子放在"生态图"中，再根据孩子的小环境系统、中间环境系统、

　　外围环境系统、大环境系统，一一列出孩子在各层系统中的各个关系。

☐ 请仔细分析孩子每一层中的人、事、物，是否有任何负面的关系及影响

　　存在？

☐ 请分析孩子的时间环境系统，是否有什么变动？若有变动，请再分析这项

　　变动对其他四个环境系统有些什么影响？

☐ 请试着为所有负面的关系及影响，设定修正的方向与目标。

☐ 你如何确保孩子生活上的稳定性？

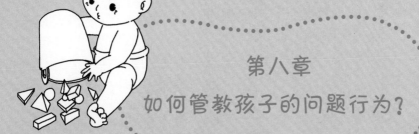

## 第八章
## 如何管教孩子的问题行为？

一般父母在发现孩子有不当行为时，多半会把注意力放在这个不当行为上，绞尽脑汁地要求孩子立即停止。而其实思考为什么这个问题行为会一再出现，用心观察和探讨孩子问题行为背后的原因，才是至关重要的。如果找不到孩子不断犯错的原因，问题行为也多半无法彻底改变。不同的原因会有非常不一样的引导方式，必须先明白引发孩子问题行为的真正原因，父母才能对症下药。

对孩子的管教绝不能"三分钟热度"，今天有时间就管，明天一忙就管不了。带领孩子面对问题，对自己的行为负责，不断地支持孩子学会"自制"是父母持续不变的责任。

　　每次谈到"孩子行为引导"的话题，我一定会问学生们："什么是管教（discipline）？""提到管教，在你的心中会出现怎样的一幅画面？"接着我会请学生们画下来。

　　画下来的结果，多年来都没有太大的改变。

　　百分之八九十学生的画都与"处罚"有关，包括一条皮带，一个哭泣的孩子关在监牢里，或跪在地上的孩子身侧站着一个面目狰狞的成人，手里还拿着一根大棍子。只会有极少数的学生画出类似爱心或大手牵小手的画面。

　　当提及"管教"，有些人会联想到"处罚"，有些人则会联想到"引导"。

　　这个原始的联想或许也表达了我们对管教的观念，也绝对地影响着我们与孩子之间的互动模式。

## 理论这么说：

### 找出每个问题行为背后的真正原因

　　人的观念必然影响人的行为，一位将管教与"处罚"联结在一起的成人，和一位将管教与"引导"联结在一起的成人，两者与孩子的互动必定会非常不一样。

"处罚"表面上看来，在许多时候都可以立刻阻止孩子不适宜的行为，但是"处罚"并没有长远的正面影响，研究更指出，成人应该要尽量避免处罚孩子。

"处罚"会有什么问题呢？一般人在犯错之后，都会有心虚的感觉，有点紧张、不知所措，在这个时候，最能够听进他人的建议。

孩子的人生经验很有限，当他犯错的时候，会更加彷徨无助。如果父母能把握机会进行教育，心平气和地与孩子认真、彻底地谈一谈为什么会犯错，以及如何防止再犯相同的错误，给孩子一些支持，往往对孩子行为的改变会有比较正面的影响。

如果父母一看到孩子犯错，就是大声斥责、要他罚站，或是一顿打骂，久而久之，孩子就不会想听取父母的建议，反而一旦犯错，第一个想到的就是如何逃避大人的责罚。他的心思不会用在"我想听听看，下次可以怎么做"，反而会想，怎么维护自己，用强辩甚至于用欺骗的方式，把自己的行为合理化，也许那样就可以避免被处罚。

其实，在孩子犯错的当下，是一个极好的"可教导的时刻"，如果父母一律用处罚对待孩子犯的错，这个教导孩子、让孩子有机会学习的好时机，就在处罚中流失了。

如果不能处罚，当孩子做错事、出现问题行为的时候，父母应该怎么做呢？在前面七章，我们提出了许多影响孩子行为表现的先天与后天因素，也分别建议如何在每一方面适当地引导孩子。换句话说，孩子的行为表现，其实都与这七个方面息息相关。例如，一个性格坚持、情绪表达强烈的孩子，如果有一双权威型教养风格的父母，双方硬碰硬的结果，可能导致孩子产生极端的问题行为；一个肢体动作智能高，但数学逻辑智能低的孩子，总是被要求安静地反复做数学练习题，因为一直做自己没有兴趣的活动，内心的压抑也可能引发他的各种问题行为。

又例如一个孩子长时间在充满争吵，甚至家暴、闹离婚等不和谐的环境下生活，孩子心中的愤怒、不服气、不公平，甚至伤心害怕，都可能表现在问题行为上。这些"天生本质"、"教养风格"、"多元智能"和"生态学"上的影响，都有可能是引发孩子问题行为的原因。父母若能仔细思考前面七章中所做的讨论，并就这七个层面时时检视亲子之间互动的方式，做出必要的调整，大部分的孩子都不会经常性出现严重的问题行为。

## ● 不同原因而犯下的错，会有不一样的引导方式

值得注意的是，父母在发现孩子出现不当行为的同时，不应只注重如何处理，而应从各个角度去分析并**了解问题行为背后的真正原因**。

常有家长问我："孩子爱打人怎么办?""孩子不收拾怎么办?""孩子屡劝不听怎么办?""孩子拖拖拉拉怎么办?"父母多半把注意力放在孩子的问题行为上，绞尽脑汁要求立即停止，而不去思考问题行为为什么一再出现。

父母用心观察和探讨孩子不当行为背后的原因，才是至关重要的，如果找不出孩子不断犯错的原因，问题行为也多半无法彻底改变。例如，孩子做事拖拖拉拉，可能是对做这件事没有信心，怕做不好；也可能是对做这件事完全不感兴趣，不认同做这件事的必要性；也可能是认为事情总有人替他做，所以不用着急，这三种原因完全不相同，也不能用同一种引导方式。父母首先要明白引发孩子的问题行为的真正原因，才能对症下药。

如果孩子"拖拖拉拉"是因为对事情没有信心，不知从何做起，父母就应该多参与过程、观察孩子做事情的状况，一步一步耐心地示范或教导孩子正确的做法，再加上大大的鼓励。例如，玩具太多太乱，孩子不知从何收起，父母便可以先清楚规划所有玩具的收纳位置，每一样或每一类都有固定摆放的地方及收纳盒，盒子也要标示清楚。接着，父母可以示范如何收拾，带着孩子一起收，再训练孩子独自完成，只要孩子有主动收拾的表现，都要大力地称赞。

如果是因为孩子没兴趣而拖拖拉拉，父母可以考虑，是否用另外的事情来代

替孩子没有兴趣的事。例如，许多孩子平日都有各种学习活动，而这些活动大多需要时间练习，像是学乐器、心算、围棋等。如果这些活动都是出于父母的安排，孩子并非真正有兴趣，练习时就容易出现拖拖拉拉的现象。可以根据孩子的兴趣，在所有的活动中做一些取舍，比如换一个音乐活动、减少一个数学活动、增加一个体能活动，情况就会发生变化。

如果是孩子不喜欢但又必须要做的事，父母需要先引导孩子认清事情的必要性，认真向孩子说明，和孩子讨论并决定规条。例如，先洗手，再吃点心；把玩完的玩具收好，才能再拿另一个玩具；把牙刷好，才能去拿一本喜欢的书，请妈妈读睡前故事。

如果孩子对自己不愿意做的事拖拖拉拉，一个重要原因就可能是因为最后总有人替他完成。例如，许多孩子都有早上拖拖拉拉、急急忙忙准备上学的状况，很多父母都是一边骂、一边又替孩子准备。

其实大部分的孩子是不愿意迟到的，但大多抱着父母总会准时带他们到学校的想法，而没有"真的会迟到"的警觉性。如果这个问题很困扰你，"自然结果"倒不失为一个好方法，和孩子讨论清楚上学前的流程，如果总是拖拖拉拉，就让他"迟到"一次又何妨。大部分的孩子只要警觉到父母不是开玩笑的，如果不快一点真的会迟到，相信早上拖拖拉拉的状况会获得不小的改善。

### ● 了解问题行为背后可能的成因

接下来，再从几个不同的角度来探讨孩子行为背后可能的原因：

### 1. 发展的因素

孩子的发展是一个循序渐进的过程，在不同的年纪，他们会在认知、情意及技巧三方面，展现特定年龄层独特的共同特质。因为他们的发展还不成熟，所以父母若不了解孩子每一个阶段的特质，很多时候会误判他们尚不成熟的表现是问题行为，请父母试听一下"2岁孩子的宣言"。

> 如果我想要这个东西，它就是我的。
>
> 如果我把这个东西给你，又想把它要回来，这个东西还是我的。
>
> 如果我可以从你手中把这个东西拿走，它就是我的。
>
> 如果我们两个在一起玩东西，这个东西的每一块都是我的。
>
> 如果这个东西看起来像我的，就是我的。
>
> 如果这个东西是我的，不论在任何情形下，它都是我的。

2岁的孩子极度以自我为中心，多半没有与人分享的概念。如果一群2岁的孩子同处一室，他们几乎不会跟旁边的孩子一起玩，或有太多互动，争抢玩具也会是一种很常见的行为。如果大人不了解2岁孩子的共同特质，要求他们一定要与人分享，或把东西让其他的孩子先玩，不但小宝宝几乎做不到，父母也会有很大的挫折感。所以几个2岁的孩子在一起，父母们应该准备足够的玩具，让每个孩子都有得玩，而非期待他们一定会安静地轮流玩。

三四岁的孩子就不同了。他们能分享，也有更长时间的耐力可以等待。要求3岁的孩子轮流玩一个玩具，或要求4岁的孩子共骑一部三轮车，是可能发生的，因为合作游戏是三四岁学前幼儿最普遍的互动方式，他们可以自己玩，但更喜欢跟别的孩子一起玩。

然而3岁左右的孩子大部分的时间不可能安静地坐着。人在3岁时的活动量比起一生中任何其他阶段都更加充沛，所以3岁的孩子精力旺盛，花许多时间跑跳追逐是他们共同的现象。如果父母不了解，总要求孩子一直坐着学习，或只做一些静态活动，这个3岁的孩子因为精力无法消耗，就会出现许多的问题行为。

4岁的孩子喜欢测试大人对他们的限制，你要他往东，他偏要往西，4岁的孩子彼此之间也喜欢为各种事情争辩。他们之所以如此，是因为这个年龄段的孩子已经累积了一些对世界的了解，会借由反对或与人的争辩，来表达自己的想法，并逐步厘清这些认知与想法，这是幼儿发展中必经的过程。所以一群4岁的孩子在一起，多半像一群忙碌的小蜜蜂在忙着做些什么、玩些什么，或闹哄哄的争吵些什么，很少有安安静静、循规蹈矩的时候。

关于幼儿脑部发展及思考方式的研究也提到，孩子的学习方式与成人不同，他们需要在玩中学、从做中学，更需要每日有正常稳定的作息。如果孩子每日所进行的活动都是结构式的抄写、死记或回答封闭式的问题，没有动手做，也少了玩的乐趣，只是被动接收信息，这样做不仅会压抑孩子的学习兴趣，更会引发各种问题行为。

有些孩子在全天的幼儿园后，还密集地参加许多活动，因而吃不定时、睡不定时，这也可能为孩子带来压力，进而影响他的外在行为。

## 2. 个人风格的因素

每个年龄段的孩子都有共同的行为模式，但是也有着明显的个体差异，例如，"天生本质"上的差异。

同样是4岁的孩子，有的孩子爱静，有的孩子爱动。活动量很高的孩子，天天动个不停，随时随地都在跑跳追逐，在教室里面一定会为老师带来某种程度的挑战。如果父母亲是属于非常安静，活动量低，不爱动的人，可能就会觉得孩子安静不下来、很调皮、爱捣蛋。

如果父母了解孩子与生俱来就有高活动量、精力旺盛，不把这点视为问题行为，反而能够引导他用正面的方式抒发精力，当精力消耗了，就比较能够从事安静的活动；不然，如果父母不能理解，认为孩子的高活动量是一个问题的话，天天勉强并训练他在室内长时间地坐着，高活动量的孩子没有办法抒发精力，可能会产生更多的问题行为。

"多元智能"的研究又是另外一个个体差异的例子。如果说一个孩子的语言智能非常高，他最自然和最有兴趣的学习方式就是说话，非常喜欢用语言来表达心中的想法；然而，如果在幼儿园或家中都没有足够的机会来表达，这个孩子就会在各种不恰当的时间点讲话，例如，老师要孩子们安静地听一个故事，结果老师说一句，他就回一句，不断地一来一往。假设这个孩子的人际关系智能也很高，他会很喜欢跟别人讲话、与人建立关系，当老师要他安静的时候，他会和其他的孩子在下面窃窃私语，如果大人们不了解他的需要，只专注在他表现出来的问题行为上，不断地告诉他不要讲话，甚至处罚他，对孩子行为的改变都不会有太大的帮助。

如果大人能够了解语言和人际关系是这个孩子的强项，为此安排许多活动，让他有表达的机会，并学习与人合作，例如，多与孩子聊天、听他说话；平日多给他和其他小朋友自然交谈的机会，一起玩桌上游戏，一起堆沙，一起玩水；周末假日邀请小朋友到家中一同游戏，或让孩子多参与合作学习的体能活动等。如果能在人际关系和语言表达上获得充分的满足，孩子在不恰当的时间爱讲话的问题行为就会减少。

### 3. 环境的因素

孩子许多的行为反应都与外在环境有关。外在环境包括了硬件环境的安排及人与人之间的关系。

首先来谈谈硬件环境，我曾经在一个4岁孩子的大教室中，看到孩子们集体在光滑的地板上快速地滑来滑去。当时他们刚完成一项活动，有一小段空当，正在等着吃点心。只见孩子从教室的一边，像棒球滑垒一般将整个身体快速地滑向另一边。虽然正在准备点心的老师不断地对着孩子叫喊："不要在教室里滑，太危险了！"但是孩子们脸上兴奋的表情好像完全没有听到似的，仍自顾自地轮流从这一边快速地滑到那一边。老师非常挫败地说："天天提醒他们，他们就是不听！"

**环境是会对孩子说话的**，试想一个有光亮平滑地板、完全空旷无阻隔的空间，会对穿着袜子又好动的4岁孩子说什么？可能是"来吧！来吧！来滑吧！"老师之后重新规划了教室的硬件环境，用钢琴和矮柜等阻隔了过于开放的大空间，危险快速的滑动行为也就自然消失了。

从上面的例子可以看到，不当的硬件环境安排会导致孩子的问题行为。不仅如此，研究还告诉我们，孩子所处的硬件环境若是井然有序、充满美感将对他的思考模式产生正面影响。

**环境不是只有硬件，还包括人跟人的关系**，正如"生态学"理论提出的观点，孩子身边的各种关系都会影响到孩子的行为。

我的幼儿教室中曾经有一个4岁的小女孩，个性成熟，是老师们的好帮手，和其他小朋友也相处愉快，却突然有很长的一段时间，在每天午睡时一定会歇斯底里地大哭，这对午休时间造成严重的干扰。对于她突如其来的改变，老师们当然尽力帮助，同时我也与家长沟通。之后孩子的妈妈才告诉我，她与先生常常争吵，并已经在协议离婚了。

从这个例子可以看出，父母之间的冲突明显地影响了孩子的行为，也必然导致孩子产生许多负面的、复杂的情绪，而一个4岁的孩子不可能用言语精准表达内在的种种感受。如果大人们没有费心了解孩子行为背后的原因，只嫌孩子吵闹爱哭，甚至加以斥责，对孩子行为的改变是没有帮助的。

另一个影响孩子行为的重要环境因素是模仿。**孩子的行为表现，尤其是攻击性行为，经常是模仿的结果。**

有一项研究，将一位成人用槌子不断地暴力捶打一个大型充气娃娃的画面，播放给一群孩子看。之后这群孩子分别被带到一个有各式各样玩具的教室里，充气娃娃也在其中。每一个孩子进入这间教室后，都完全无视于其他玩具，立刻拿起地上的槌子使劲捶打充气娃娃，有的更用脏话大骂娃娃，或是用教室中其他的玩具用力撞娃娃。另一群没有看过这个视频画面的孩子，也分别被带进这个教室，却没有一个孩子注意到充气娃娃，只是好奇地玩着教室中其他的玩具。

模仿是孩子最自然的学习方式之一，如果孩子的生活环境中经常接触负面的行为示范，孩子长时间地看在眼里，也就成为孩子习惯的行为模式。父母们应该认真地思考并分析，孩子每日的环境中是否存在着负面的示范，并消除这些负面影响。

### 跟着大师这么做：

## 借由"解决问题的过程"，帮助孩子学会"自制"

孩子的问题行为大多与前面七章中所讨论的主题息息相关。父母只要在其中的一方面做了调整，就不难发现孩子的问题行为会有所改善。当孩子仍然重复出现某种问题行为时，更可以从前述三个角度进一步分析孩子行为背后的原因，在完全清楚主因之后，就可以引导孩子做出修正。

孩子的问题行为五花八门，再加上各个孩子的性格、家庭背景和生活经验也有很大的差异，所以针对哪个行为问题要用哪种引导技巧，并没有绝对的答案。例如，孩子打人可能是为了发泄愤怒，或是要引起注意；也可能是模仿其他人的行为。不一样的原因就有不一样的处理方式，然而引导孩子行为的过程确实有一些重要的原则，是父母亲确实应该掌握的。

### ● 帮助孩子做到"自制"是最终的目标

父母管教孩子，学习各种教导孩子的技巧，有没有一个目的？难道只是希望孩子"今天"不打人吗？或只是希望孩子"今天"乖乖地听话吗？

相信父母希望的不仅仅是暂时性改变问题行为，更希望孩子能够做到"自制"，也就是"自我管理"。

孩子可以跟父母同住在一个屋檐下多久时间？大概18到20年吧！接下来的时间，他就要离开父母独立了。当孩子离开以后，父母不能再责罚他，甚至于不能再常常鼓励他的时候，孩子是不是都能够做出对他有益的决定，这才是所有的父母亲最关切的。

到底父母该用什么方法，才能让孩子学习自制呢？首先父母要有心理准备，孩子的行为不是今天跟他说，明天就能够改变的。自制是一种不易养成的能力，通常需要一段很长的学习过程，加上父母持续的引导、解释和支持，才有可能习得。

简单地来说，成人都知道抽烟不好，但是又有多少抽烟的成人能立刻改变、成功戒烟呢？连成人都很难做到自制，为什么会认为三四岁的孩子就能够马上学会呢？

如果一个孩子能在18岁以前学会自制，不需要父母时时叮咛，也能在大部分的状况下做出好的选择，这个孩子的父母就算是非常成功了。

### ● 带领孩子借由"解决问题的过程"，学会"自制"

教导孩子"自制"有一个基本的原则，就是当孩子犯错的时候，让孩子主动地参与到整个"解决问题的过程"中，**给孩子机会分析他自己当下的情绪和感受，让孩子反省自己的行为，厘清行为背后的原因，再进一步与孩子讨论更好的行为模式，最后要求孩子对自己的行为负责。**

在整个"引导"的过程中，父母不需要替孩子做决定，也不需担任裁判，而应该尽量用**开放式**的问题，尽可能让孩子自己思考，自己找到问题的答案。例如，孩子常动手打人，父母可以问孩子："你知道不可以打人，为什么又这么做？"孩子可能会给你很多理由，像是"他抢我的玩具"或"是他先打我的"。父母可以再问："他打你，他抢你的玩具，你有什么感觉？"

其实，**帮助孩子认知自己的情绪和感受是很重要的**，人通常会因为某种情绪和感觉而产生某些行为，父母却常把重点放在孩子外在的行为，不教导孩子认知自己内在的情绪和感觉，当不清楚内在的情绪和感觉时，孩子是很难修正外在行为的。虽然一开始询问孩子当下的感受，孩子可能会回答："我不知道！"有些复杂的情绪和感觉因为年纪小，孩子也的确说不清楚，但是父母还是要耐心地和孩子讨论，引导孩子学习如何清楚表达。

父母可以使用一些词语帮助孩子，例如，生气、伤心、嫉妒等，当孩子厘清了自己的感受后，譬如，孩子说："他抢我的玩具，我很生气！"就可以再进一步讨论各种正面表达感受的方式，例如，"他抢你的玩具，你'很生气'，但你知道不可以打人，那么有什么更好的方法让他知道'你很生气'呢？"

孩子还小，不一定有答案，但是这是一个重要的学习过程，可以让孩子明白自己的情绪，也了解自己何以会有这种问题行为，进一步思考学习用适当的方法来表达情绪。

父母也可以建议孩子用更适合的方式来表达，例如，建议孩子用他的言语来表达"生气"的情绪。父母可以牵着孩子的手，到抢他玩具的孩子面前大声地说："我很生气，你抢我的玩具，把玩具还给我！"同时也可以建议孩子，如果状况还是无法获得解决，记得寻求成人的帮助。

然而，只有反省自己的情绪和问题行为并寻求解决方法，还是不够的，**任何行为都会产生后果，需要承担，这也是孩子应该学习的重点**。例如，父母可以问孩子："我们已经有过很多次这方面的讨论，不可以打人。现在我们也找出了一个方法，如果有人做出让你生气的事，你可以大声地告诉他：'我很生气。'可是如果下次你还是做不到，又动手打人，那该怎么办？"把责任放在孩子身上，让他自己思考，自己设定行为的规条。

你可能认为孩子还那么小，会懂得做错事要承担后果吗？接下来举一个实际的例子。有一个小女孩只有3岁，喜欢乱发脾气，于是妈妈经常借由"解决问题的过程"讨论她的行为。有一天，她又犯了相同的错，而且是在车来人往的停车场里，在这样危险的场合乱发脾气、躺在地上耍赖，真是累坏她的妈妈了。回到家里，妈妈就问她："我们对你乱发脾气已经有过很多次的讨论了，可是你还是不记得，每次都要这样乱发脾气。你告诉妈妈，如果你下次再乱发脾气，要怎么办呢？"3岁的孩子告诉妈妈说："如果下次我再乱发脾气，就一个礼拜不可以跟我的兜兜（小毯子）睡觉！"兜兜对一个3岁的孩子有多重要？很多孩子没有兜兜根本睡不着。

"乱发脾气就一个礼拜不可以跟兜兜睡觉"的规条，是孩子自己设下的，不是由父母设下的，这个行为的后果是经过亲子双方充分讨论的，孩子自己也能清楚地知道，也因为这个规条是孩子自己定下的，当她再想发脾气的时候，会意识到可能随之而来的后果，因而会有更强的自制力去控制自己的行为。

"解决问题的过程"因为有循序渐进的步骤，所以更容易被孩子接受。如果孩子从小在父母的帮助下，学会使用这些步骤来面对与他人的冲突或自己的不当行为，持续不断地练习，假以时日，将有助于孩子学会"自制"。

## ● "温和且坚定"是最好的策略

在引导的过程中，父母的角色十分重要，如何跟孩子沟通、讲话的语气和方式、眼神和肢体的动作等，都会影响孩子行为修正的效果。

孩子一旦重复出现同样的问题时，父母态度要平静，有耐性、重复地用"解决问题的过程"来帮助孩子**厘清他的情绪、反省他的行为、思考更好的行为模式，**

**以及引导孩子对自己的行为负责。**

在此有个大前提，**父母自己要先懂得"自制"**，如果父母教导孩子说："遇到事情的时候，要平静。"可是当看到孩子重复犯错的时候，自己却对孩子失控地大吼大叫，"言行不一致"绝对不是一个好的示范。

另外，孩子的注意力不容易集中，所以也要避免长篇大论训诫孩子，要用简短直接的句子向孩子陈述或解释，例如，"你知道不可以打人，我们不能用打人的方法来解决问题。"接下来就可以带领孩子进入"解决问题的过程"。

跟孩子讨论所犯下的过错时，成人一定要蹲下来，站在孩子的高度，双方四目交接。跟孩子讨论时，眼神和脸部表情也要很认真严肃且坚定，让他明白这件事情的重要性。有一些父母觉得对小孩子要有耐心、要和颜悦色，即便是孩子犯了很严重的错误，父母脸上的表情却还是温柔带着笑意，这会给孩子一种"混淆的信息"，不知道事情的严重性。

有些孩子则很机灵，当他犯错的时候，父母眼睛看着他，跟他严肃地对话，他却故意看向别的地方，逃避父母的视线。他表现得毫不在意，身体摇摇晃晃，或跑来跑去让你抓不到他，他想，也许这么做父母就拿他没办法了。千万不要让这样的孩子逃避问题，父母在引导孩子的问题行为上有"带领"的责任，要想办法稳住他的身子，让他安静下来，自己千万不要先失控发火，而是要态度温和坚持地要求他做到。

有一位妈妈提到她4岁的小儿子喜欢乱丢垃圾，她跟小儿子有过很多次关于这方面的讨论。然而，有一天就在她教书的校园里，儿子趁她不注意，又丢了一个垃圾在地上，那时她正忙着收拾准备回家，而且她的很多学生都还在附近。她心里想："我到底要不要跟他解决这个问题？要解决，一定要花很多时间；可是如果不坚持，孩子又会误以为乱丢垃圾也没有那么严重，那我就成了说话不算话的妈妈。"所以，她决定和儿子耗下去。

这位妈妈跟她的儿子说："你怎么又把东西丢在地上？你知道的，垃圾要丢在垃圾桶里。"4岁的孩子用尽各种的理由，就是不愿意把垃圾捡起来，甚至一屁股坐在地上，说他的膝盖痛，不能走路，他的手很累，东西放在那里就好了，几乎僵持了二十多分钟。这位妈妈也不生气，对儿子说："垃圾一定要丢到垃圾桶里，我可以等你！"接下来又坚持了十分钟左右，儿子知道没有办法再撑下去了，终于把东西捡起来，丢到垃圾桶里去。

其实这整个过程对一个刚下班的母亲来说是很辛苦的，旁边还有很多人在看，要忍受路人的目光，又要不发脾气，可是经过那一次的坚持，儿子就再也没有随地乱丢垃圾了。

处理孩子的问题行为，确实耗费精力又很花时间，很多时候不如自己直接做了更加省时方便，然而一旦父母愿意花精力、花时间，**"温和且坚定"永远是引导孩子修正问题行为最好的策略**。例如，孩子常有不好好收拾玩具、不能物归原处的行为，其实父母帮他们收一下，可能比教导他们收拾会更省时省力。但是对孩子的管教绝不能三分钟热度，今天有时间就管，明天一忙就管不了。带领孩子面对问题，对自己的行为负责，不断地支持孩子学会"自制"是父母持续不变的责任。

## ● 妥善运用幼儿行为引导技巧

父母除了要把握帮助孩子学会自制的原则以外，平日当孩子出现问题行为时，也可以适当地采用几种幼儿行为引导技巧，像是注意力转移、自然结果、隔离、正面信息以及设定限制。

### 1. 注意力转移

当一个孩子因为不愿意妈妈离开、不愿意和妈妈说再见而大声哭闹的时候，很多保姆会拿出新玩具给孩子玩，或指着窗外的事物要孩子看。将孩子的注意力转移到其他事情上，这个技巧对大多数婴幼儿都很有效。

注意力转移也有其他的应用方法，当孩子出现问题行为的时候，可以引导孩子进行一个既能满足孩子的需求，又是适宜行为的替代活动。例如，孩子兴奋地把积木到处乱丢，凌乱不说，还非常危险。父母可以在户外放三个大竹框，再准备一些手掌大小的沙包，让这个孩子尽情地"丢"沙包，这个替代活动既可满足了孩子"丢"东西的需求，也是父母可以接受的适宜行为。

有一位老师在美国一个犯罪率很高的小区幼儿园工作，因为大部分的孩子来自问题家庭，所以孩子之间各种肢体冲突不断，老师知道这些孩子充满了愤怒，又不知如何正确地表达他们生活中的不满，需要有一个输出的管道，于是就在教室中挂了一个练拳击用的大沙袋，并引导孩子尽情击打沙袋发泄心中的愤怒，用适宜的方法去抒发负面的情绪。

## 2. 让孩子承受自然结果

在不会带来重大危险的状况下，有时可以允许孩子从环境的自然运作中学习。例如，一个孩子不爱稳稳地坐在凳子上，总喜欢全身不停摇晃，可能一个不小心就跌坐地上。因为屡劝不听，小凳子也不高，没有太大的危险，父母也许可以让孩子承担可能的结果。

父母先要向孩子说明状况及可能的后果，"请你在凳子上坐稳，你不停地摇动，可能会翻倒"。如果孩子还是继续摇晃，就让他从自然中学习吧！相信只要跌了一次，他多半会从中汲取教训。

## 3. 隔离

使用隔离的技巧有许多不同的方式，最普遍的一种应该是静坐反省。

"现在！就到你的房间去，关起门来好好地想一想。""不准玩了！坐在那边的椅子上，不要动，好好想想！"隔离是不是一种处罚呢？或是一种引导？答案就在如何执行隔离的过程。

如果整个过程让孩子觉得失去了某些原有的权利，那就是处罚，例如，孩子歇斯底里地发脾气，气急败坏的父母将孩子抱离现场，"跟你说了多少次，不可以乱发脾气，哪有这么不听话的小孩子，你给我坐在这里，坐好！不要乱动！"两个孩子吵闹、争执、打起来，父母嘶吼着："你们两个不好好玩，就不准玩了！面向墙壁站好！"

**如果隔离能帮助孩子冷静下来，恢复理性，再加上使用前面提到的"解决问题的过程"**，建立亲子之间的对话，那么隔离就是一种引导，例如，孩子歇斯底里地发脾气，父母温和坚定地将孩子抱起来，带离现场，将他隔离在一个安静的地方平静下来，"你需要静下来，等你静下来我们再谈一谈"。孩子静坐的时候，父母会观察孩子的状况，一旦孩子平静下来，就立刻进入"解决问题的过程"。当然，有的孩子被隔离以后会继续发脾气，甚至更不平静，但这都只是暂时的，父母只要保持温柔且坚定的态度，孩子闹了一阵子终究会平静下来。

在使用隔离技巧时，要特别注意孩子静坐的时间不宜过长，2岁的孩子2分钟，3岁的孩子3分钟，以此类推。孩子的注意力有限，如果要一个三四岁的孩子静坐10分钟去反省错误，就算他能乖乖地坐着，通常最多5分钟左右，孩子就会开始动来动去，甚至哼歌、舞蹈，完全忘记自己为什么坐在那里，更别说反省了。

有效的隔离应该是让孩子有冷静的时间，帮助孩子恢复平静，重点是之后能进入亲子对话，一起讨论更好的行为模式。

### 4. 传递正面信息

当你对孩子说："不要在床上跳、不要在床上跳！"多半他们听到的是下半句，"在床上跳、在床上跳！"研究告诉我们，孩子喜欢正面的信息，父母应该尽量将孩子的注意力由负面的行为，转移到正面的指引和教导。例如，当孩子在床上不停地跳时，应该告诉他们该如何做才是对的，而不是强调不正确的行为。所以父母可以引导孩子说："院子里有一个弹跳床可以跳，我们到那里去跳。"

当孩子走到一个水洼前面，提醒孩子说："请你从旁边的水泥地上走过去"或"请绕过水洼"，而不是"不要去踩水"；当孩子站在椅子上，提醒孩子说："椅子是用来坐的，请你的小屁股坐在上面！"而不是"不要站在椅子上！"父母要很清楚地**告诉孩子正确的、该做的行为，而不要常常强调孩子不该做的事**。很多父母都非常认同向孩子"传递正面信息"的引导方式，但却不常做到，这其实关乎我们和孩子既定的说话习惯，只要有意识地多反省自己和孩子说话的方式，尽量做出修正，假以时日，就会很自然地以正面信息来引导孩子。

## 5. 设定限制

任何一个环境里都有规条，能让孩子清楚地知道什么是可行的，什么又是不可行的。规条虽说是限制，但也是人类行为的规范，是生活上的安全界线。孩子需要规条来引导他们的行为，为他们日常生活画上保护的边界。但是父母亲不可能什么事情都要规定，吃饭有规定，睡觉有规定，洗澡也要规定，孩子不可能活在这么多的规定之下。

研究告诉我们，在两种情况之下一定要为孩子设定限制，一是**设定规条以防止伤害**，防止孩子去伤害别人，也防止孩子被伤害。例如，不可以打人，是怕孩子会伤害别人或被伤害；几点钟该上床睡觉，或是吃完饭才能吃甜点，是怕他的身体健康受到影响。

在另一种情况下也一定要设定规条，**设定规条以防止孩子对环境的破坏性行为**。例如，规定孩子玩具玩完了、书本看完了就要收拾，如果随便乱丢，玩具、书本很容易就不见或损坏了。

在设立规条的时候，只是告知孩子，且最好不要完全由父母来决定规条，要**让孩子参与在整个规条设定的过程中**。例如，家中有规定上床睡觉的时间，这不应该是爸妈的一句话"你还小，所以你八点半就要睡觉"，到了初中，"可以九点半"，高中"可以十点半"，完全由父母来决定。规条最好是经过大家一起讨论，每个成员都可以发表自己的意见，都可以解释为什么，然后在父母的引导之下设定。

因为经过共同的讨论，大家会更清楚为什么我们家会有这样的规定；也因为是一起设定的，孩子会比较愿意去遵守。

**父母想一想**

☐ 你的管教信念比较倾向"处罚"还是"引导"？你的信念对管教孩子是否有帮助？

☐ 你是否会处罚孩子？你的处罚方式是否有正面的效果？

☐ 通常你会考虑行为背后的各种原因，再对孩子的行为加以引导吗？在书中提及的三方面的因素中，哪方面的因素是你最常忽略的？

☐ 在本章中所讨论的引导原则"解决问题的过程"是否容易做到？最难做到的是哪一点？为什么？

☐ 你是否在生活中也常应用本章中所提到的五种幼儿行为引导技巧？你是如何应用的？

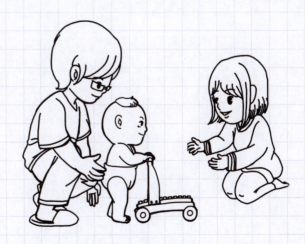

图书在版编目（CIP）数据

跟着大师教孩子：8个理论、10位大师观点，启发孩
子的学习智慧/（美）孙立葳著.—上海：华东师范
大学出版社,2018
ISBN 978-7-5675-8362-7

Ⅰ.①跟… Ⅱ.①孙… Ⅲ.①教育心理学 Ⅳ.① G 44

中国版本图书馆 CIP 数据核字 (2018) 第 223714 号

**跟着大师教孩子**：8个理论、10位大师观点，启发孩子的学习智慧

| | |
|---|---|
| 著　　者 | 孙立葳 |
| 策划编辑 | 金爱民 |
| 责任编辑 | 沈　岚 |
| 责任校对 | 林文君 |
| 封面设计 | 马丹娜 |
| 封面插画 | 马普丽 |
| 内文插画 | 王晓耘 |
| 版式设计 | 宋学宏 |

出版发行　华东师范大学出版社
社　　址　上海市中山北路3663号　邮编 200062
网　　址　www.ecnupress.com.cn
电　　话　021-60821666　　行政传真 021-62572105
客服电话　021-62865537　　门市（邮购）电话 021-62869887
地　　址　上海市中山北路3663号华东师范大学校内先锋路口
网　　店　http://hdsdcbs.tmall.com/

印 刷 者　杭州日报报业集团盛元印务有限公司
开　　本　787×1092　16开
印　　张　9.75
字　　数　118千字
版　　次　2019年5月第1版
印　　次　2019年5月第1次
书　　号　ISBN 978-7-5675-8362-7/G.11521
定　　价　35.00元

出 版 人　王　焰